Amor Torrencial

Amor Torrencial

Swamini Krishnamrita Prana

Mata Amritanandamayi Center, San Ramon
California, Estados Unidos

Amor Torrencial
Por Swamini Krishnamrita Prana

Publicado por:
Mata Amritanandamayi Center
P.O. Box 613
San Ramon, CA 94583
Estados Unidos

—————————— *Torrential Love (Spanish)* ——————————

Primera edición por MA Center: septiembre de 2016

En España: www.amma-spain.org
fundación@amma-spain.org

En la India:
inform@amritapuri.org
www.amritapuri.org

Si toda la tierra se convirtiera en papel

y todos los mares se convirtieran en tinta,

y todos los bosques en plumas

con las que escribir,

no bastarían aún para describir

la grandeza del Guru.

Kabir

Índice

Introducción

Sin amor y compasión el mundo no puede existir.
Toda la existencia está en deuda con los
Mahatmas por el amor y la compasión con los que
han colmado a toda la creación.

– Amma

Algunos Santos nacen solamente para bendecir esta tierra con su presencia. Pueden pasar años sentados apaciblemente en apartadas cuevas del Himalaya, absortos en una tranquila meditación, recibiendo sólo a aquellos que los encuentran por casualidad.

Pero otra clase de *Mahatma* viene a este mundo, específicamente, para aliviar el sufrimiento, elevando a la raza humana. Fundidos en la Conciencia Divina, estas Almas que conocen el Ser podrían escoger permanecer absortas en ese nivel Supremo de Embriaguez Divina y, simplemente, olvidarse del resto de nosotros. Pero, en cambio, él o ella desean descender a nuestro nivel para transformar personalmente nuestras aflicciones en recuerdos de nuestra verdadera naturaleza.

Como un diamante precioso, este *Mahatma* no vive en las profundidades de una cueva, ni en un bosque tranquilo o entre hermosas montañas. Esta Alma benévola llega hasta nosotros como el sagrado río Ganges, fluyendo a través de la tierra, incluso hasta los rincones más oscuros de las sucias ciudades, apresurándose a entrar en contacto con los olvidados y los oprimidos. Siempre puro e inmutable, como el río, un *Mahatma* como Amma bendice a toda la humanidad con su toque purificador donde sea que vaya. Al río no le importa lo que la gente haga con su agua: algunos quizás la adoren, otros podrían escupir en ella. Aún así, su naturaleza santificada no cambia, porque, simplemente, se desborda desde la Fuente.

Amma es una joya excepcional que ha llegado para tratar de liberarnos con delicadeza. Su naturaleza se desborda con una compasión que se extiende a todos aquellos con quienes se encuentra. Ha consolado y confortado con dulzura a más de 28 millones de personas y sus abrazos siguen fluyendo hacia los pobres y hacia los ricos, hacia los enfermos y los que gozan de buena salud. No puede evitarlo.

Igual que el agua de un manantial frío de la montaña podría saciar la sed de un moribundo en el desierto, el amor de un Alma plenamente iluminada llega como un dulce néctar para aliviar el dolor de esta existencia mortal.

Cuando la gente viene hasta Amma, puede pedirle muchas cosas: bendiciones para su salud, su familia o su trabajo. Amma les ayuda con estas necesidades individuales al tiempo que repite: "Hay una cosa en este mundo que, si la tienes, todo lo demás vendrá con ella. Esta cosa es el Amor". Amma enseña:

> El Amor está dentro de todo el mundo, incluso dentro de la persona más cruel, pero la mayoría no son capaces de compartir este amor, que se encuentra atrapado en nuestro interior. La mayor parte de las personas de este mundo no han recibido suficiente amor cuando eran niños. Incluso cuando estaban en el útero quizás no recibieran amor de su madre, y esta falta de amor les ha afectado profundamente. Toda persona tiene derecho a la ilimitada riqueza del amor y de la bondad. Por mucho que saquemos de

este manantial, nunca se seca: cuanta más bondad y amor demos, más aumentará.

Debido a que no hemos experimentado este amor puro, con frecuencia encontramos que la vida es increíblemente difícil. Algunas veces podríamos sentir que estamos atrapados dentro de un edificio en llamas, que arde tanto desde dentro como desde fuera. En este preciso momento de desesperanza es cuando la sagrada presencia de Amma llega como una refrescante brisa para apagar el fuego.

Hay un chiquillo que vive en *Amritapuri*. A veces sigue a Amma de cerca, junto a muchos otros. Aunque todavía no tiene ni tres años, trata de seguirla, gateando junto a Ella, mientras va a un lado y a otro. Amma le ayuda con paciencia, poniéndole de nuevo en el camino, enderezándolo, caminado detrás, si tiene que hacerlo, desviándolo. Ella hace lo mismo con nosotros, guiándonos pacientemente por la dirección correcta cuando nos desviamos de nuestro camino, conduciéndonos suavemente hacia nuestra meta.

Todos realizamos el mismo viaje en la vida, pero algunas veces nos olvidamos de dónde estamos tratando de llegar. Amma viene una y otra vez para volver a orientarnos hacia nuestro destino final.

A menudo me preguntan cómo es vivir con Amma y viajar por el mundo con Ella. Para ser sincera, no es algo que pueda expresar fácilmente con palabras. Con un medio tan limitado como el lenguaje, es extremadamente difícil tratar de expresar los profundos sentimientos e impresiones que surgen de mi interior cuando el corazón se emociona y se abre tan profundamente.

Todo lo que puedo hacer es tratar de compartir algunas de las hermosas joyas que Amma ha ofrecido delante de mí. Cada palabra que emana de Ella es como un valioso tesoro. Cuando tesoros así se ofrecen delante de nosotros, no podemos evitar extender nuestras manos para tratar de sujetarlos, para compartir con otros la belleza que hemos recibido de Amma.

He pasado más de la mitad de esta vida viviendo con Amma, y todavía está completamente más allá de mi comprensión. Justo cuando podría pensar que estoy empezando a entenderla, me demostrará que estoy totalmente equivocada. Cuando podría pensar que he descubierto otra capa de los velos que La esconden, encuentro varios más que parecen reemplazarlos.

Después de finalizar mi primer libro, *"Viaje Sagrado"*, me llenó de alegría saber lo mucho que ayudaba a otros a sentirse conectados con Amma. Creo que si en esta vida he hecho al menos eso bueno para glorificar el nombre de Amma, entonces el libro ha merecido la pena. Mi esperanza es que los lectores disfruten igualmente de esta segunda ofrenda y que, finalmente, experimenten el torrente de amor que fluye de la nectárea joya que es Amma.

Capítulo 1

El comienzo

Algunos lo llaman Amma,
otros lo llaman con otros nombres.
Pero permanece igual, inmutable, no afectado.
Nadie puede penetrar en el misterio de este Ser.

— Amma

Cuando Amma nació, la forma de vida en su pequeña comunidad pesquera había transcurrido sin cambios durante décadas. Pocos visitantes, y ciertamente ningún extranjero, habían ido a la aldea alguna vez en aquellos días. La madre de Amma, *Damayanti*, era profundamente devota y realizaba diariamente prácticas espirituales tradicionales. El nombre del Señor estaba siempre en sus labios. Se levantaba a las tres de la madrugada, despertaba a sus hijos y luego recogía flores frescas para hacer guirnaldas que ofrecía a Dios durante su culto. Cada semana, realizaba ayunos en días específicos por diferentes deidades.

Antes del nacimiento de Amma, *Damayanti* le dijo a su marido que tenía el sueño recurrente de que el Señor *Krishna* entraba en ella en forma de luz divina y que esta luz impregnaba todo lo que había a su alrededor. Cuando le contó esto a *Sugunachan*, él respondió que no era nada especial:

Si cantas *mantras* veinte horas al día y piensas en Dios todo el tiempo, ¿qué hay de extraño en ello?

Pero *Damayanti Amma* dijo que ella nunca había tenido sueños como éste antes y que ya había dado a luz a otros hijos.

Esto segura de que el niño que llevo dentro es muy especial le dijo a su marido. Sin embargo, *Achan* no quiso creerla. Se rió, por el contrario, de ella y se fue pronto a dormir.

Sorprendentemente, esa noche, él tuvo un sueño similar. El padre de Amma visitaba los templos o cantaba *mantras* sólo ocasionalmente, por lo que, cuando tuvo la misma experiencia en sueños, también se convenció de que el niño que su esposa llevaba dentro era un ser divino. Cada día, tocaba la barriga de *Damayanti* y hacía *pranams* al niño que había dentro de ella. Después dijo que esa barriga era el lugar más sagrado del mundo, porque Amma había nacido de ella.

Desde que Amma era muy pequeña, demostró ser increíblemente diferente de los demás niños. Siendo un bebé de tan sólo unos meses, Amma miraba intensamente todas las fotos de los santos y de los diferentes dioses y diosas que adornaban las paredes del hogar de su familia. Su padre dijo que miraba las fotos durante mucho tiempo y que luego lloraba, aunque no como lloraba ninguno de sus otros hijos.

De pequeña, Amma construía templos en la arena y reunía a todos los demás niños a su alrededor para jugar y dar culto en estos templos. En la aldea donde Amma creció, nadie aprendía sánscrito; pero de alguna manera Amma tenía este profundo conocimiento y enseñaba *mantras* en sánscrito a otros niños. Nadie sabía o practicaba meditación y, aún así, a una temprana edad, Amma se sentaba a meditar. Su familia pensaba que estaba dormida, pero, con todo, se preguntaban cómo podía dormir sentada en posición vertical.

Cuando Amma tenía unos siete años, a veces lloraba intensamente sin parar, perdida en su propio mundo de devoción y añoranza de Dios. Quería marcharse a un lugar apartado para poder llorarle a Dios sin que nadie la molestara. Su padre la vio así y trató de consolarla. La levantó y la sostuvo contra su hombro para tratar de consolarla. Ella le pidió que la llevara al Himalaya. Él le aseguró que lo haría y le dijo que intentara descansar. Ella se durmió inocentemente sobre su hombro creyendo que él la llevaría allí. Más tarde, cuando se despertó y se dio cuenta de que no estaba en el Himalaya, se echó a llorar de nuevo.

Amma iba a la escuela primaria que estaba a diez minutos caminando desde su casa. Cada mañana salía hacia la escuela al menos con una hora de antelación, pero siempre llegaba más tarde que los demás niños y, a menudo, con retraso. Un día los profesores se sintieron molestos por sus retrasos y decidieron hablar con su padre. *Sugunachan* no sabía a qué se debía el comportamiento de su hija, así que investigó en secreto. Descubrió que Amma visitaba todas las casas de los pobres de camino a la escuela, para ver cómo se encontraban y ayudarlos si lo necesitaban. Todo lo que podía coger de su propia casa se lo daba a estas personas desfavorecidas. Si alguien le preguntaba lo que les estaba dando, al principio Ella decía que nada, y sólo al final contaba lo que había hecho.

En aquella época había un anciano que recorría todas las casas de la aldea. Tocaba su pequeño tambor y pedía dinero. Amma siempre le llamaba "padre", lo que realmente irritaba a su familia. Un día, el padre de Amma colgó su *dhoti* nueva en el tendedero. Más tarde, cuando regresó a recogerlo, encontró una *dhoti* vieja en su lugar. En varias ocasiones, tanto el padre de Amma como su hermano mayor descubrieron que su ropa nueva ya no estaba, y que en su lugar había ropa vieja. No tenían ni idea de lo que estaba sucediendo, hasta que un día pillaron a Amma con las manos en la masa llevándose la *dhoti* nueva de su padre y reemplazándola por la vieja del mendigo. Ese día se llevó una buena paliza.

Cuando Amma estaba en el cuarto curso, sufría a menudo terribles dolores de estómago. Una vez, fueron tan fuertes que tuvo que marcharse del colegio y volver a casa para recuperarse. Debido al insoportable dolor, Amma terminó revolcándose por el suelo. Su padre se preocupó y cruzó la ría para buscar a un médico de la aldea.

Cuando llegó, el médico traía consigo medicinas y una inyección. Cuando Amma vio la larga jeringuilla, se negó a que le pusieran la inyección. Su comportamiento rebelde enfadó a su padre, porque se había molestado en ir a buscar al médico. Preocupado porque el doctor pudiera enfadarse por haber sido molestado innecesariamente, le dijo que tenía, al menos, que tomarse la medicina. Amma estuvo de acuerdo, a regañadientes, y aceptó tomarse una gran pastilla con un vaso de agua. Después, insistió en que se encontraba bien y que el dolor de estómago había desaparecido. Unas horas más tarde, salió a jugar. Fue entonces cuando su padre descubrió la tableta mojada que Amma había escupido y escondido bajo su cama. Sacudió la cabeza. *"Es una niña incorregible"*, pensó para sí mismo.

En aquellos días, el padre de Amma estaba a menudo fuera de casa, de pesca. Siempre que regresaba, su esposa tenía una larga lista de quejas por el último problema que Amma había ocasionado. Una de esas veces, cuando Amma estaba durmiendo, su madre se quejó en voz baja de todas las travesuras que había hecho. De repente, Amma habló con firmeza, diciendo:

¡No soy tu nuera![1]

Su padre recuerda que entonces Amma repitió muy seriamente:

---

[1] Tradicionalmente, las nueras no son tratadas con el mismo respeto que las hijas biológicas.

¡Lo sé todo!

Su padre pensó que Amma quería decir que sabía todo lo que había en su libro de texto de la escuela, y le llevó el libro. El libro nuevo, que apenas había sido utilizado, todavía olía a recién imprimido. Le pidió a Amma que demostrara lo que acaba de decir y que repitiera lo que decía el libro. Amma empezó a repetir todo el contenido del libro, para asombro absoluto de su padre, ya que él sabía que probablemente nunca hubiera siquiera mirado el interior. La hermana mayor de Amma estudiaba un curso superior. Su padre trajo su libro, más avanzado, y empezó a examinar a Amma. De nuevo, para su sorpresa, Esta repitió también todo lo que ponía en el libro de su hermana.

Asombrados por su brillantez, los padres de Amma pensaron que tenían que asegurarse de educarla muy bien; pero no sucedió así, porque la madre de Amma se puso enferma y Esta tuvo que abandonar la escuela en cuarto curso para ocuparse de la casa.

Aunque Amma ya no iba al colegio, aprendió algunas de las lecciones que se enseñaban allí, porque ayudaba a sus hermanos y hermanas con sus deberes. Sus responsabilidades incluían ocuparse de sus hermanos, levantarles y prepararles para la escuela, darles de comer y hacer además todo el trabajo de la casa. Era como la sirvienta de la familia.

Amma salía a diario a comprar los víveres para la familia. Le daban una pequeña cantidad de dinero y esperaban que con ella cubriera todos los gastos de la casa durante una semana. De esta forma, Amma aprendió el valor de todo y cómo organizar los gastos de una casa con un presupuesto extremadamente pequeño. Lo que aprendió de pequeña le ayudó a formar la base de su conocimiento y capacidades de gestión para dirigir un *ashram* y distintas organizaciones de servicio.

La aldea donde Amma creció estaba situada en una estrecha franja de tierra entre el Mar Arábigo y las rías de *Kerala*. La

aldea ocupaba unas cuatro hectáreas de terreno, con unas cien chozas construidas muy cerca unas de otras. Los niños jugaban, a menudo, en las casas de unos y otros y sus madres no se preocupaban por ellos, porque sabían que se encontraban a salvo en algún lugar cercano.

Durante al menos seis meses al año, las rías, normalmente salobres, se llenaban de agua dulce y los niños se divertían saltando y nadando en el agua. También se subían a los árboles para recoger mangos. Cuando escuchaban el soplo del viento, corrían hacia los árboles y se sentaban bajo sus hojas pidiendo con gran intensidad que los pequeños mangos cayesen.

Amma recuerda con cariño esos días de su infancia. Hace muy poco, cuando salíamos en coche tras un programa de *darshan*, algunos niños corrieron tras el coche tratando de seguirlo, gritando de emoción. Amma dijo que aquello le recordaba sus días de juventud, cuando todos los niños corrían y jugaban juntos e intentaban encontrar mangos. Dijo que, en el *darshan*, algunas veces oye los gritos de los niños pequeños jugando en el exterior y se acuerda de su infancia.

A menudo enviaban a Amma a una casa vecina para buscar fuego para cocinar o encender la lámpara de aceite. En aquellos días, los aldeanos no utilizaban cerillas. Obtenían, por el contrario, el fuego de cualquier casa en la que la cocina ya estuviera funcionando. La madre de Amma le enseñó que, siempre que fuera a una casa y viera platos sucios, antes de coger el fuego, lavara primero los platos o limpiara la casa. En aquellos días, los aldeanos mostraban este tipo de consideración por los demás. No sabían realmente nada de espiritualidad, pero la actitud de ayudarse mutuamente siempre había formado parte de su educación.

Mientras Amma crecía, nunca tuvo ningún profesor formal al que dirigirse y, por tanto, para Ella todo se convertía en una enseñanza espiritual. Aprendía de todas las experiencias de la vida.

De pequeña, cuando la brisa acariciaba su piel, solía sentir que era Dios quien la abrazaba. Amma dijo que siempre hablaba con la Madre Naturaleza, con su almohada, con todo. No había nada para Ella que no estuviera lleno de Conciencia Divina.

Le encantaba quedarse junto a la orilla del mar y considerarlo como su madre. Solía sentarse cerca del agua y contarle todo, porque el mar era el único que podía entenderla. A veces cogía un poco de pan y algo para beber y, después de la meditación, se lo ofrecía al mar, queriendo compartirlo todo con él.

De niña, Amma iba todos los días de casa a casa para reunir sobras de comida para alimentar a las vacas de su familia. En muchas de las casas veía un tremendo sufrimiento. Si los pescadores no pescaban nada durante unos días, sus familias pasaban, a menudo, hambre. Las familias eran grandes en aquellos días, hasta con doce niños. Algunas veces, Amma vio a madres angustiadas sosteniendo a sus hijos, todos ellos llorando. Los niños lloraban de hambre y la madre lloraba porque no tenía nada que darles. Mientras, en otras casas, la gente tenía más que suficiente para comer. Esta disparidad la confundía a menudo y le hacía gritar de ira contra un Dios que podía mostrar tal parcialidad. Pero la respuesta que recibió fue que esas personas sufrían a causa de su *karma* y, aunque su *karma* era sufrir, también el *dharma* de Ella era mostrarles compasión.

Amma nunca se cuestionó si Dios realmente existía o no. Para Ella la pregunta era: "*¿Cómo puedo aliviar el sufrimiento que hay en todas partes?*"

Después de ver tantas adversidades, Amma supo, desde una edad muy temprana, que su vida estaba predestinada a ser ofrecida como un regalo para elevar a la humanidad.

Amma ha dicho que nunca vio a un *sannyasin* en su zona hasta que tuvo unos veinte años. El único templo que había para los aldeanos estaba situado a siete kilómetros, en un lugar llamado

Oachira. Una vez al año, su padre llevaba a sus ocho hijos al festival anual que allí se celebraba. Para ellos, esta peregrinación anual era como el cielo.

Hasta que cumplió diecinueve años, nunca había viajado más allá de los trece kilómetros a los que estaba la casa de su abuela. A los veintidós años realizó el viaje de treinta y cinco kilómetros hasta *Kollam*, pero no fue más allá. Aunque nunca viajó lejos en su juventud, Amma pasa ahora cada año la mayor parte del tiempo viajando a lo largo y ancho del planeta, llevando consuelo y alegría dondequiera que vaya.

Capítulo 2

Más allá de la religión

Hemos aprendido a volar en el aire como pájaros y a nadar en el mar como peces, pero todavía no hemos aprendido el simple arte de vivir juntos como hermanos y hermanas.

— Martin Luther King Jr.

La gente se pregunta, a menudo, cómo comenzó Amma a dar su *darshan*. Amma dice que no fue algo planeado, que simplemente comenzó a suceder de forma espontánea, cuando los pobres aldeanos llegaban llorando hasta Ella con sus problemas. Amma se identificaba profundamente con ellos. Compartía plenamente sus penas y trataba de consolarlos y confortarlos para que pudieran encontrar algún alivio. Empezó a ponerlos en su regazo, acariciándolos y abrazándolos como una madre confortaría a su propio hijo.

Otros aldeanos que también tenían problemas veían a Amma dando tanto afecto y protestaban: "Ha abrazado a aquella persona y, por eso, también debe abrazarme a mí". Y también le pedían consuelo. En consecuencia, Amma empezó a consolar a una persona tras otra y, de esta manera, se inició la tradición de la cola del *darshan*. Amma se convirtió en un río de amor que fluía sin cesar, abrazando a todos los que llegaban hasta Ella llenos de pesar.

En la aldea de Amma, la gente vivía en chozas de paja construidas con hojas de coco. Como las hojas se gastaban, permitiendo que los tejados dejasen pasar el agua, la paja tenía que colocarse

22

cada año antes de la estación del monzón. Pero algunos aldeanos no podían permitirse las mil rupias que costaba poner de nuevo la paja en sus tejados cada año. Cuando llovía por la noche, si no tenían suficientes recipientes para recoger el agua de lluvia, tenían que sentarse con un paraguas dentro de las chozas para cubrir a sus hijos mientras dormían.

Cuando Amma creció, a menudo tenía que llevar a su hermano menor al hospital local por su pobre salud. En el hospital, veía a personas sufriendo porque no podían permitirse gastar nada en analgésicos. Las instalaciones del hospital eran precarias y, a veces, debido a la falta de electricidad, las cosas no se esterilizaban adecuadamente y materiales como las agujas se utilizaban una y otra vez.

El hospital exigía que los pacientes llevaran un pequeño trozo de papel para que el doctor pudiera escribir su nombre, sus datos y una receta para el farmacéutico. Pero algunos eran tan pobres que no podían siquiera permitirse un papel que dar al doctor para que escribiera y, en consecuencia, no podían recoger el medicamento.

Amma también veía a familias pobres que no tenían dinero para comprar a sus hijos hojas de papel donde presentar las respuestas de los exámenes del colegio. Estos niños tenían que crecer sin recibir una educación por falta de unas cuantas rupias.

Por ello, Amma arrancaba las páginas de los libros del colegio de sus hermanas para dárselas a esta pobre gente y que pudieran recibir su medicación o hacer los exámenes. Cuando sus hermanas se enteraban de lo que estaba haciendo, a menudo la golpeaban, pero aún así no lograban impedirle que intentara ayudar a los pobres.

Amma vio mucho sufrimiento durante su infancia. Por haber presenciado tantas penurias durante sus primeros años, lo primero que Amma dijo cuando el *ashram* de *Amritapuri* se registró como institución caritativa, en 1983, fue: "No me convirtáis en un loro en una jaula. No hagáis que esta organización sea una empresa. Debe representar a las personas, a la humanidad que sufre". Desde el comienzo, durante todos estos años y hasta este mismo día, Amma y todas las personas que trabajan a su servicio han mantenido firmemente ese ideal.

La gente se siente enormemente inspirada por Amma. Hasta los más pobres entre los pobres tratan de dejar una moneda de una rupia en su mano cuando vienen a recibir *darshan* en India, sabiendo que Ella la utilizará para servir a otros. Realmente, no pueden ofrecer mucho más que esto, pero también quieren ayudar a otros y saben que Amma lo hará en su nombre. Ella dice que son pequeños pájaros haciendo ofrendas y que todo unido se convierte en el fluir de un río.

Los grandes maestros toman ejemplos de la vida mundana y los explican para que la gente pueda entenderlos. La Verdad Suprema, aunque extremadamente sencilla en su esencia, continúa estando más allá de nuestro alcance, intangible por su simplicidad. Es como un enorme caramelo que se rompe y se reparte en trocitos masticables. Otros dicen entender la naturaleza del caramelo y tienen mucho que hablar sobre él. Quizás incluso hayan chupado su exterior, pero nunca han experimentado toda su dulzura. No pueden dividir los principios hasta su verdadera esencia para que nosotros los digiramos. Sólo un Maestro iluminado como Amma puede hacerlo por nosotros.

En la tradición hinduista, se rompen cocos frente al templo para simbolizar la ruptura del ego. Esta acción significa: "¡Oh Dios, estoy tratando de romper el ego frente a Ti!" E, igual que el dulce jugo sale del coco roto, la alegría brota cuando el ego se entrega.

Amma ha dicho que todos los símbolos del hinduismo tienen significados importantes y significativos. El simbolismo externo del hinduismo ayuda a concentrar la mente y a desarrollar la disciplina. Por ejemplo, la *vibhuti* que se aplica en la frente es medicinal y simboliza que todo se reduce, finalmente, a cenizas y es, por tanto, transitorio. Los poros de la frente tienen terminaciones nerviosas especiales y absorben las cenizas. Del mismo modo, encender el alcanfor y moverlo durante el *arati* significa la renuncia al propio ego. Igual que el alcanfor se quema sin dejar rastro, cuando nos ofrecemos, cuando ofrecemos nuestros egos de todo corazón, en esa entrega nuestra individualidad se consume.

Algunos han preguntado a menudo por la relación entre Amma y el hinduismo. Amma dice que, al haber sido educada en la cultura hinduista y haber entendido totalmente su significado interior, considera que es beneficiosa para cualquier persona que esté interesada. Amma nunca fuerza a nadie a adorar a dioses o diosas. Ella nos aconseja que veamos a Dios en todo el mundo, que adoremos todos y cada uno de los aspectos de la creación. Ella repite, una y otra vez, que la creación y el Creador no son dos, sino sólo uno.

Cuando Amma da *satsangs* en los programas públicos en la India, a menudo trata de mostrar el significado real de los dioses y diosas y los diferentes conceptos del *sanatana dharma*. La mayoría de la gente ha aceptado ciegamente los rituales, sin comprender el verdadero significado que hay tras ellos. Amma les recuerda que intenten seguir el verdadero significado de su propia religión. No es necesario cambiar de religión, sino tratar de comprender su esencia subyacente.

Un día cuando viajábamos por Londres, tuvimos que coger un taxi hasta otra terminal. Percatándose de nuestras ropas indias, el conductor del taxi, que era de ascendencia africana, me preguntó de qué religión éramos. Me reí, porque siempre es una pregunta difícil de contestar. Para alguien como Amma, que está totalmente más allá de los confines de cualquier religión y que está tratando de enseñarnos a hacer lo mismo, es engañoso afirmar que somos simplemente hinduistas, pero es difícil explicar esto de forma convincente a otros y esperar que lo comprendan.

Tratando de evitar ser clasificada con la etiqueta de una religión concreta, contesté que nuestra religión era el amor y el servicio a la humanidad. Pude comprobar por su expresión que el conductor no estaba verdaderamente satisfecho con mi respuesta. Sabía que él quería una etiqueta con la que estuviera familiarizado y se la di, respondiendo finalmente:

Hinduistas.

Satisfecho con esta respuesta, preguntó, entonces, qué creíamos que sucedía cuando morimos y dónde vamos. La respuesta de Amma llegó en forma de otra pregunta:

¿Qué sucede cuando llueve? ¿Dónde va esa agua?

El taxista se lo pensó durante un rato y respondió:

Bueno, se mueve por ahí y luego regresa.

¡Ah! ¡Sí! Lo entendió. Respondió a su propia pregunta y todos nos reímos.

Para entonces habíamos llegado a nuestro destino, habíamos bajado del taxi y empezábamos a entrar en el edificio. Su curiosidad espiritual aumentó y el conductor hizo una última pregunta. Preguntó:

¿Dónde está Dios?

Amma respondió que el hombre lo había cortado en pedazos y lo había llamado religión.

Si leemos los periódicos, cualquier día, en cualquier parte del mundo, veremos increíbles actos de violencia y de destrucción. La gente quiere matar y mutilar a otros en nombre de su religión. Amma dice que un buen número están dispuestos a morir por su religión, pero ¿cuántos están dispuestos a vivir por su religión, en la verdadera esencia de la pureza contenida en ella? Casi nadie, parece.

Tendemos a ver sólo el exterior de la religión. No vemos el interior de la religión, la esencia de la religión, que es la espiritualidad. Pero, cuando logremos asimilar y practicar esa esencia, las cosas serán diferentes. La falta de experiencia espiritual ha creado todas las divisiones que vemos en la sociedad. Amma dice que en la actitud de "yo soy hinduista", "yo soy cristiano", "yo soy musulmán", el "yo" pequeño, el ego, todavía está presente. Tenemos que esforzarnos por trascender esta actitud. Esta investigación del verdadero "Yo" nos llevará hasta la Verdad. Es para conocer este "Yo", para conocer el Ser, por lo que hacemos nuestras distintas prácticas espirituales.

Amma dice que no sirve de nada simplemente estudiar y pensar en el *Vedanta*. Tenemos que vivir el *Vedanta* y demostrar que es algo práctico. Por ejemplo, debemos sentir a los demás como a nosotros mismos y tratar de ayudarlos y elevarlos, para que todos en este mundo sean felices. Éste es el principio espiritual fundamental que hay tras el mantra *Lokah Samastah Sukhino Bhavantu:* Que todos los seres de todos los mundos sean felices.

La religión y la espiritualidad son los medios para abrir nuestros corazones y expresar el amor y la compasión por otros. Pero, por nuestra comprensión errónea y nuestro egoísmo, terminamos utilizándolos mal y creando incluso más problemas. El principal objetivo de la vida es vivir felizmente y experimentar la verdadera paz mental, permaneciendo centrados en el momento presente. Pero, con toda la libertad que la gente cree que tiene, ¿cuánta paz mental hay en realidad? La mayor parte de la gente sufre terriblemente.

Amma tiene que recordarnos, a menudo, que el único modo de encontrar la libertad duradera es desde el interior. Cuando encontremos esa libertad, nunca nos abandonará. Pero sólo la podemos encontrar mediante la espiritualidad.

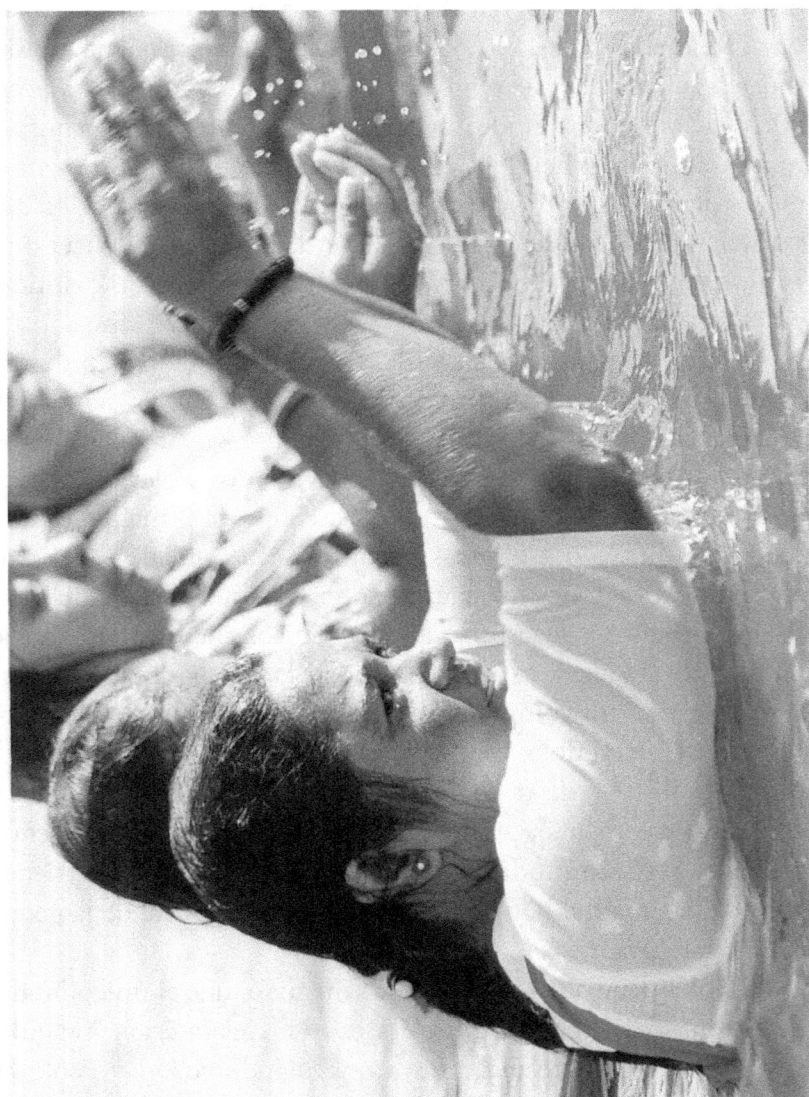

Amma dice que el amor no puede explicarse con palabras, porque simplemente está más allá del poder de las palabras: es pura experiencia. Igual que no podemos explicar el sonido del trueno y de la lluvia, sino que tenemos que experimentarlo. Cuando comenzamos a dar amor, el amor se despierta en nuestro interior y ya no hay "dos", se unen sólo en "uno".

Desafortunadamente, la mayoría de las personas continúan divididas. En el mundo actual hay una increíble cantidad de confusión y conflicto. A veces se quiere culpar a la religión como su causa. Pero Amma dice que esas acusaciones no son correctas. Son las malas interpretaciones de la religión las que causan los problemas, no la espiritualidad, que es la naturaleza fundamental de todas las religiones.

Un día, después de una entrevista con la prensa, el periodista estaba muy impresionado con Amma. Dijo que sus respuestas habían sido totalmente sencillas, pero extremadamente profundas. La respuesta de Amma fue que Ella había crecido en una aldea y que no había estudiado nada, pero que había llegado a conocerse a sí misma. En ese conocimiento de sí misma, entendió realmente a todos los demás, porque no somos entidades aisladas, sino que todos estamos conectados como eslabones de una cadena.

Si se tira una piedra a un estanque, todas las ondas viajarán hacia el borde del estanque. Una vez que alcancen el borde, regresarán de nuevo al centro. Es lo mismo que sucede cuando estudiamos: aprendemos mucho, pero, al final, tenemos que regresar al punto donde comenzamos para darnos cuenta de que realmente no sabemos nada.

Amma pone el ejemplo de que sólo se necesita una pequeña llave para abrir un candado. Si tratamos de meter otros objetos para abrirlo, el candado simplemente se romperá. Del mismo modo, la Verdad Suprema es realmente muy sencilla, pero nosotros siempre tratamos de complicar las cosas.

Hay muchas religiones diferentes, pero Dios sólo es uno. No existe casta ni credo para Conciencia Pura. Los caminos para llegar a la verdad son infinitos, pero el objetivo es uno. De forma semejante, las personas realizan prácticas distintas para alcanzar la misma verdad.

Amma nunca trata de influir en nadie para que acepte algo que no se sienta cómodo practicando. Ella aconseja con compasión a cada persona, según su constitución mental y su cultura. Para los que adoran a Cristo, Amma les inicia en el *mantra* de Jesucristo. Para los que practican el Islam, Amma les da el *mantra* de Alá. Y para los que adoran lo que no tiene forma, Amma les inicia con un *mantra* adecuado.

Cuando un catastrófico terremoto sacudió Cachemira, en octubre de 2005, se enviaron a la zona fronteriza algunos representantes de Amma para ver la ayuda que podía darse. Antes de que partieran, Amma les dijo que no iban allí para hablar de Amma, como la mayoría de los devotos tienden a hacer, sino que simplemente trataran de confortar a las personas guiándolas espiritualmente según su religión. Después de distribuir alimentos y ropa a los que necesitados, los voluntarios se sentaron junto a las personas que habían perdido sus hogares y cantaron todos juntos. Las canciones fueron cuidadosamente seleccionadas para no chocar con la fe musulmana. Esto abrió realmente los corazones de aquellas personas hacia un amor que incluye a toda la humanidad y que no se reduce a una única religión.

Amma dijo que cuando sucede un desastre debemos ponernos al nivel de las personas que sufren y tratar de ser uno con ellos, pero que nunca debemos tratar de cambiar la religión del otro. Debemos ayudar a esas personas a creer más firmemente en su propia fe y ayudarles a llamar a Dios según su propia comprensión y costumbre.

Amma nunca le ha pedido a nadie que crea en Ella o que La adore. Sólo pide que intentemos convertirnos en mejores seres humanos y que descubramos quién somos realmente. La verdad es que realmente no sabemos quiénes somos. Pasamos la mayor parte de la vida desconociendo nuestro Ser. Una maestra perfecta como Amma realmente nos conoce mejor que nosotros mismos.

Capítulo 3

Un Maestro Perfecto

El simple contacto o visión de un Mahatma puede
beneficiarnos mucho más que diez años de práctica
de austeridades. Pero para experimentar ese beneficio
tenemos que deshacernos del ego y necesitamos tener fe.

— Amma

La abuela paterna de Amma era una mujer muy piadosa. Pasaba la mayor parte de su vida haciendo guirnaldas de flores para el *kalari*. Cuando vino a Amma para recibir *darshan*, Amma bromeó cariñosamente con ella llenándole de flores los grandes agujeros de los lóbulos de las orejas. Los años desaparecieron cuando la abuela de Amma se convirtió en una niña frente a su divina nieta.

Incluso con más de noventa años, la abuela de Amma se levantaba temprano por la mañana. Caminaba alrededor del *ashram* de *Amritapuri* recogiendo flores para el *kalari*. Su espalda estaba muy curvada hacia adelante a causa de la artritis; sólo podía moverse muy despacio. Aún así, caminaba por el *ashram* sin la ayuda de nadie. Hasta sólo dos años antes de su muerte, ella misma calentaba el agua para su baño diario. Fue sólo al final de su vida cuando se sintió demasiado débil para poder cuidar de sí misma y fue admitida en el hospital del *ashram* donde pasó sus últimos días.

Incluso cuando estaba inconsciente en el hospital, sus manos agarraban la *sari* y retorcían la tela de la misma manera en la que

32

solía utilizar sus manos para hacer las guirnaldas. Al haberlo hecho por las mañanas durante muchos años, la acción estaba tan incrustada en su mente que todavía lo hacía aunque estuviera inconsciente. Confiemos en que cuando lleguemos a mayores hayamos aprendido algunos buenos hábitos.

El futuro está siempre en nuestras propias manos. Como Buda dijo una vez: "Lo que eres es lo que has sido. Pero lo que serás es lo que haces ahora. Si quieres conocer tus vidas pasadas, mira tu situación actual. Si quieres conocer tu futuro, entonces mira tus acciones del presente".

Si logramos cultivar buenos pensamientos en nuestro interior, poco a poco los malos pensamientos desaparecerán. Es parecido a lo que le sucede a un vaso que contiene agua del mar cuando le añadimos agua dulce: el agua está menos salada.

Cuando nieva en las montañas, pensamos que los hermosos copos de nieve son inofensivos. Pero cuando esos copos de nieve se derriten, comienzan a fluir por la ladera de la montaña como un río crecido. Esa corriente puede arrastrar enormes rocas que podrían incluso aplastarnos. De forma semejante, podríamos creer que un pensamiento es insignificante, que no tiene poder, pero, cuando se refuerza, se traduce en una acción que puede causar un daño y un desastre irreparables. Tenemos que ser conscientes de los pensamientos negativos que hay la mente y tratar de detenerlos al principio, antes de que crezcan y puedan hacer daño.

Mientras continuemos identificados con el cuerpo y con la mente, necesitaremos tener algún tipo de disciplina en la vida. La práctica de la disciplina puede ayudar a crear conciencia en la mente. Aún así, es muy difícil trascender las *vasanas* (tendencias negativas) por uno mismo, y por eso necesitamos la ayuda de un Maestro Perfecto.

Amma dice que no tenemos que preocuparnos por las acciones pasadas. Igual que una goma puede borrar todo lo que el lápiz escribe, el Maestro puede llevarse nuestros errores. Pero debemos tener cuidado de no continuar repitiendo los mismos errores. Porque si seguimos escribiendo y borrando en el mismo lugar, una y otra vez, al final el papel se romperá.

Cuando hemos llegado a un Maestro Perfecto y hemos logrado la verdadera entrega, no tenemos que preocuparnos de nada más. Amma sabe que la entrega total es difícil. Dice que la entrega total es, de hecho, el conocimiento de Dios. Aunque la entrega absoluta sea difícil de alcanzar, debemos, al menos, dar lo mejor de nosotros mismos. La capacidad para ello depende de la evolución espiritual de cada persona en sus respectivos niveles. Todo en la vida es creación de Dios, salvo nuestro ego. El ego es nuestra propia creación. Para eliminar el ego, necesitamos la ayuda de alguien que se encuentre fuera de nuestra propia creación. Necesitamos a un Maestro Perfecto. Sólo el *Guru* puede eliminar la catarata de ignorancia.

Se dice que el ego se encuentra en la cabeza; por ello, en la tradición del *Sanatana Dharma*, uno se postra ante el *Guru*. Postrase significa: "Entrego mi ego a tus pies. Que tu gracia divina descienda a través de ellos para llevarse el peso de mi ego". Ésta es la actitud que hay que tener cuando uno se postra ante el *Guru*. La única manera de deshacerse de todos los pensamientos y de toda la confusión de la mente es cultivando la actitud de verdadera entrega.

Acudimos al maestro espiritual sólo en nuestro propio beneficio. El maestro no tiene nada que ganar con nosotros; es justo al contrario.

A menudo, algunos no entienden la necesidad de intentar entregarse a un Maestro Perfecto. Preguntan: "¿Por qué es necesario? ¿No se está llevando nuestra libertad?"

Cuando escuchan la palabra "entrega", pueden pensar que entregarse significa arrodillarse y ofrecer todo lo que se tiene, dejando el saldo del banco a cero. Pero Amma dice que esa no es la verdadera entrega. La verdadera entrega es dejar el saldo del banco interior a cero, ofreciendo todo lo que tenemos dentro de nosotros. La verdadera entrega es la entrega de nuestros corazones. Por el acto de postrarnos, nos elevamos.

Había una vez un gran santo sufí que vivía en el norte de la India y que era famoso por cumplir los deseos de la gente. Un pobre que vivía en una aldea tenía que organizar la boda de su hija, pero no tenía dinero para hacerlo. Había oído hablar del gran santo y decidió realizar el viaje para conocerlo. Cuando llegó a la morada del santo, se le acercó y le preguntó si podía ayudarle a organizar la boda de su hija. El santo mostró mucho interés y respondió:

Ahora no tengo nada para ti, pero dame quince días y podré arreglar algo.

El anciano se marchó contento. Quince días después, el hombre regresó. Se acercó, de nuevo, al santo y le recordó la promesa de ayudarle. Esta vez el santo dijo:

Oh, eres tú de nuevo. Me olvidé completamente. Si puedes, por favor, regresar en otros quince días, estoy seguro de que podré arreglar algo para ayudarte.

Y, así, el pobre anciano se marchó de nuevo. Pasaron otros quince días y en el día concertado, fue, de nuevo, hasta el santo buscando su ayuda. Esperó pacientemente su turno y, cuando se acercó al santo nuevamente, el santo dijo: Oh, eres tú. Otra vez me olvidé de ti. Lo siento. Realmente no tengo nada que ofrecerte; todo lo que tengo son estas sandalias de madera.

Se quitó su par de sandalias de madera y se las dio al hombre. El pobre anciano estaba desconsolado, pero las recibió en silencio y se dio la vuelta para continuar su camino. Mientras se alejaba, se decía con tristeza:

Oh, Dios, todo lo que quería era alguna ayuda para la boda de mi hija y mira lo que este santo me ha dado: un par de viejas sandalias de madera. Pero todo es culpa mía. No debería haberle molestado con mis deseos, él no tiene ni siquiera nada para sí mismo, así que, ¿qué podría darme a mí? ¿Simplemente es mi destino sufrir la pobreza?

Derramando lágrimas en silencio, el hombre comenzó a caminar hacia su aldea sujetando las sandalias de madera contra su pecho.

En ese momento, un hombre muy rico que era uno de los discípulos más devotos del santo viajaba desde otra ciudad. Estaba trasladando todos sus negocios y su riqueza para estar a los pies de este gran santo. Viajaba en elefante, acompañado de una flota de camellos cargados de todas las riquezas de su familia. Cuando empezaban a acercarse a la ciudad, el hombre percibió, de repente, en el aire, la fragancia de su *Guru*; podía sentir la presencia divina en algún lugar cercano. Detuvo su elefante y se puso a olfatear el aire preguntando a los que viajaban con él:

¿Oléis esta fragancia? ¿De dónde procede?

Sus amigos le dijeron que ellos no olían nada especial, pero el hombre insistió:

No, no, siento que mi Maestro está en algún lugar cercano. Siento su esencia divina.

Miró a su alrededor y no vio a nadie más que al anciano que caminaba lentamente hacia él a lo lejos. Pidió a alguien que lo llamara. A medida que el anciano se acercaba, la fragancia se hacía cada vez más intensa. Le preguntó:

¿De dónde vienes? ¿Adónde vas? ¿Qué es lo que llevas contigo?

El anciano le contó su triste historia y dijo:

Molesté a aquel pobre santo que no tenía nada, todo lo que tenía para darme eran sus sandalias de madera.

El discípulo se entusiasmó:

¿Tienes las sandalias de mi *Guru*? Debo tenerlas. ¿Qué quieres a cambio de ellas?

El anciano estaba atónito y dijo:

Yo sólo quería un poco de ayuda para que mi hija pueda casarse.

El discípulo contestó inmediatamente:

Coge todos estos camellos cargados con mi riqueza y dame inmediatamente las sandalias de mi *Guru*. ¡Ésa es la verdadera riqueza que yo quiero!

El anciano contestó:

Pero yo no necesito más que lo necesario para casar a mi hija.

Aún así el discípulo insistió:

No, no, ¡tienes que llevártelo todo! No te daré nada menos por las sandalias de mi *Guru*.

El anciano le entregó las sandalias y el discípulo se las colocó sobre la cabeza y comenzó a bailar en éxtasis. Corrió descalzo hasta la morada de su Maestro, donde el santo se encontraba sentado, como si le estuviera esperando. El discípulo se postró a los pies de su *Guru*, poniéndole, con dulzura, las zapatillas. El anciano santo le preguntó sonriendo:

¿Cuánto has pagado por ellas?

Con lágrimas en los ojos, dijo:

Maestro, di por ellas todo lo que tenía, toda mi riqueza.

El *Guru* respondió:

Aún así, ¡las conseguiste muy, muy baratas!

Mientras nosotros soñamos con lo que podemos obtener de la vida, los Maestros Perfectos como Amma sólo sueñan con lo que pueden ofrecer al mundo. El deseo de Amma es, simplemente, colmar al mundo de amor hasta su último aliento.

Amma explica que comprender la naturaleza del mundo y de sus objetos y vivir en consecuencia es el verdadero significado de la entrega. Algunos quizás se sientan temerosos cuando escuchen

la palabra "entrega", y por eso Ella propone que empleemos, en su lugar, la palabra "aceptación".

Un día, un pequeño grupo de personas estaba caminando junto Amma y vieron la piel abandonada de una serpiente, que parecía una cinta, junto al camino. Un niño le preguntó a Amma:

¿Por qué las serpientes pierden la piel?

Su respuesta estuvo repleta de sabiduría:

Si las serpientes no mudaran la piel, no podrían crecer. Se ahogarían en su vieja piel. Hijo, tú también tienes que mudar tu vieja piel para crecer.

En la vida espiritual, no se camina hacia atrás. El avance espiritual que logramos en la vida siempre perdura. Podemos dejar de hacer nuestras prácticas y comenzar de nuevo, pasado un largo tiempo, pero aquel saldo del mérito que logramos todavía continúa. Como en una cuenta de ahorros, cuando ingresamos dinero, la cantidad total aumenta, pero la cantidad nunca disminuye ni se destruye. Nuestro esfuerzo por ahorrar nunca se desperdicia y siempre podemos comenzar de nuevo desde ese punto. Por nuestra parte, debemos cultivar la paciencia para hacer cada vez más esfuerzos en la dirección correcta que nos ayuden a experimentar la verdad.

Un Maestro Perfecto nos enseña a aceptar todo lo que sucede en la vida. Nos ayuda a agradecer tanto lo bueno como lo malo, lo correcto como lo equivocado, tanto al enemigo como al amigo, a aquellos que nos hacen daño como a los que nos ayudan, a quienes nos encarcelan como a quienes nos liberan de la cárcel. El Maestro nos ayuda a olvidar el oscuro pasado y el futuro brillante lleno de miles de promesas. El Maestro nos ayuda a vivir en el momento presente, en toda su plenitud. Nos hace saber que el conjunto de la creación -todo, todos, incluso nuestros enemigos- nos está ayudando a evolucionar y a lograr la perfección.

Todas las grandes personas han pasado enormes dificultades en la vida. Galileo fue uno de los astrónomos de más renombre en el mundo. Se quedó ciego, pero, hasta en su hora más oscura, todavía podía decir: "Si le agrada a Dios, entonces me agradará a mi también". Estaba tan entregado, que continuó con sus experimentos científicos incluso después de quedarse ciego.

Albert Einstein sufría una discapacidad de aprendizaje y no habló hasta los tres años. En el colegio, encontraba las matemáticas sumamente difíciles de aprender, pero superó este obstáculo hasta convertirse en uno de los matemáticos más importantes del mundo.

George Washington también sufrió una discapacidad de aprendizaje y no tenía destreza para la escritura o la gramática. A pesar de estos obstáculos, triunfó superando sus debilidades hasta convertirse en una de las grandes personalidades de la historia.

En la actualidad, el científico Stephen Hawking ha conseguido crear algunos de los libros científicos más populares que el mundo jamás ha visto, pese a sus increíbles limitaciones físicas. A causa de una enfermedad debilitadora, está reducido a una silla de ruedas y no puede ni hablar ni escribir. Pese a que su cuerpo se encuentra en este estado, él se dedica a desvelar los misterios del universo y ha aportado una parte de la literatura científica más popular actual.

Todos encontramos dificultades a lo largo del camino espiritual. Alguien le preguntó en una ocasión a Amma:

¿Cómo debemos fortalecer nuestra fe en los malos momentos?

Amma contestó:

Si tienes verdadera fe, entonces no la perderás. Sólo nosotros ganamos por nuestra fe en Dios. Dios no tiene nada que perder. Cuando pasamos por momentos difíciles, debemos agarrarnos con fuerza a los pies de Dios. Cuando amamos a Dios, no debemos tener expectativas. Sólo por la entrega seremos capaces de experimentar a Dios. Tenemos que ir muy adentro. Tenemos que entender los pensamientos de nuestra mente y observar hacia donde van a llevarnos.

Si adoptamos principios espirituales en nuestras vidas, entonces, con independencia de la situación a la que tengamos que hacer frente, seremos capaces de afrontarla de forma positiva. Afrontando nuestros retos, desarrollaremos la fuerza para superar cualquier mala experiencia.

Un día, un niño de cuatro años parcialmente sordo llegó a casa del colegio con una nota de su profesor en el bolsillo: "Su Tommy es demasiado tonto para aprender nada. Sáquelo del colegio". Su madre leyó la cruel nota y le respondió al profesor: "No es demasiado tonto para aprender. Yo misma le enseñaré". Inmediatamente lo sacó del colegio y, con paciencia y disciplina, ella misma le enseñó en casa. Aquel niño pequeño, al que se pensó que no se le podía enseñar nada, creció con sólo tres meses de educación formal. Su nombre completo era Thomas Alva Edison.

Cuando el *guru* dice algo, debemos entender que es por nuestro bien último. A veces podemos pensar que no tiene lógica o que no es realmente útil, porque parece insignificante o porque no tiene ningún sentido. Si Amma nos da consejos espirituales o determinadas advertencias, debemos recordar que, si no hoy, mañana podría tener importancia.

Amma nos habló una vez de un hombre que, según Ella creía, sufría de algún problema del corazón. Le sugirió que visitara a un médico, pero él se negó, ya que pensaba que no tenía nada malo. Seis meses después murió de un ataque al corazón.

En otra ocasión, Amma aconsejó a otro hombre que se hiciera un chequeo del corazón. Él le dijo que ya lo había hecho en el Reino Unido y que los médicos no habían descubierto nada. Aún así, Amma insistió en que se volviera a revisar el corazón.

Lo hizo y esta vez encontraron que realmente tenía un bloqueo triple. Cuando Amma dice algo, siempre es por alguna razón.

Las palabras de un *Mahatma* siempre se hacen realidad. Esto se ha demostrado muchas veces a lo largo de mi vida.

En los primeros días, Amma siempre vigilaba de cerca la cocina, ya que sabía que probablemente fuera nuestro lugar más querido. Me había dicho en una ocasión que incluso *yo* tendría que trabajar en la cocina algún día. Pues bien, ese día realmente llegó.

Todos los residentes del *ashram* querían ver a Amma en *Kodungallur*, que fue el lugar donde Amma instaló el primer templo *Brahmasthanam*, y por eso todos estaban entusiasmados por ir. La chica que normalmente cocinaba para todo el mundo en el ashram tenía muchas ganas de asistir a ese programa y yo me ofrecí a realizar su trabajo en la cocina durante un día para que ella pudiera viajar. Nunca antes había cocinado comida india sola, pero parecía muy sencillo. Mi menú consistía en arroz, espinacas y *pulisheri*. Comencé con entusiasmo, pero pronto me asombré al descubrir cuántas espinacas había que cortar *y cocinar para lograr una única ración,* ya que la mayor parte se consumía hasta casi la nada. Me vi utilizando mucho más tiempo del que había pensado que necesitaría para cortar las espinacas. El *pulisheri* no era demasiado difícil, pero no conseguí cocinar suficiente arroz para todo el mundo. Aquel día, acabé teniendo que cocer arroz cuatro veces para alimentar a todos los hambrientos trabajadores de la construcción, así como a los residentes.

En un momento dado, mi tercera tanda de arroz había terminado de cocerse y estaba lista para colarla. Uno de los *brahmacharis* quería ayudarme a colarlo desde la gran olla de vapor. Empezó a hacerlo hasta que, de repente, sintió que estaba demasiado caliente para continuar agarrando la gran cacerola. Gritó alarmado cuando se quemó el brazo con el metal caliente, y tiró toda la olla de arroz al suelo, al sumidero. Sintiéndome muy poco

42

comprensiva, le eché de la cocina y le prohibí entrar de nuevo para tratar de ayudarme. De mala gana, después de salvar lo que pude, comencé a cocinar otra tanda de arroz.

Tras sobrevivir a la comida del mediodía, la distribución de alimentos de la tarde parecía mucho más sencilla. Un devoto había donado al *ashram* comida que había cocinado en su casa. Sin embargo, se presentaron algunas personas más y, de nuevo, la comida volvió a ser insuficiente para todos.

Otra chica occidental me estaba ayudando con la distribución de la comida y podía ver que no había suficiente para todo el mundo. Insistió en que deberíamos coger primero nuestra porción. Le dije que no podíamos hacer eso, porque los cocineros siempre son los últimos, sirviéndose sólo si quedan suficientes sobras. Resultó que no había comida para todo el mundo y la chica no estaba muy contenta de que yo hubiera insistido en que comiéramos al final. Acabamos pasando hambre. Después me escribió una carta en la que me agradecía que aquel día le hubiera enseñando una lección, que sólo había llegado a apreciar más tarde. Ni qué decir que me sentí eufórica cuando la cocinera regresó para retomar su trabajo en la cocina; creo que todos los demás también se sintieron aliviados.

Bueno, pues las palabras de Amma se hicieron realidad. Había dicho que tendría que cocinar algún día y, por suerte para todos, ¡sólo fue un día!

Capítulo 4

Puente hacia la libertad

*Justo cuando la oruga creyó que el mundo se
había acabado, se convirtió en mariposa.*

– Edward Teller

Se dice que cuando llegue el momento adecuado, el Maestro espiritual llegará hasta nosotros. No tenemos que salir a buscar a nadie. Cuando estamos listos para la guía espiritual, el Maestro aparece en nuestras vidas. Para cada persona, el primer encuentro es especial y único.

Hay muchas historias interesantes sobre la forma en la que la gente conoció, por primera vez, a Amma. En Sydney, Australia, escuché la historia de un hombre que pasaba frente al edificio donde se celebraba el programa de Amma. Al ver las hileras de zapatos, pensó que había una venta. Entró en el edificio y se dirigió hacia el lugar del programa para tratar de comprar un par de zapatos. Cuando se enteró de que allí no se vendían zapatos, se quedó un poco decepcionado, pero cogió un folleto sobre Amma, se lo metió en el bolsillo y se marchó.

Más tarde, ese mismo día, su esposa se disponía a lavarle la ropa. Antes de meterla en la lavadora, revisó los bolsillos. Encontró el folleto sobre Amma, lo leyó y le entró curiosidad por saber más sobre Ella. Decidió ir a conocerla. Fue al programa y, desde entonces, se convirtió en una devota.

Otro hombre trajo a su amigo a ver a Amma. Ambos eran discípulos de *Neem Karoli Baba*, que había muerto muchos años antes. Después de recibir *darshan*, el hombre le preguntó a su amigo:

¿Qué piensas de Amma?

El amigo respondió:

Bueno, está bien, pero no es como nuestro antiguo Maestro.

Se sentaron entre la multitud a una corta distancia de Amma. En ese momento, Amma cogió un plátano y se lo tiró, que era precisamente lo mismo que su antiguo Maestro tenía la costumbre de hacer. La opinión de esta persona cambió muy rápidamente.

Una mujer me escribió un correo electrónico hace poco hablándome de algunos de sus amigos ancianos a los que había persuadido para venir con ella a ver a Amma. Estas personas habían accedido a venir al programa a regañadientes, aunque después estuvieron sumamente agradecidos. Bebiendo té, hablaron de lo que les había aportado el encuentro con Amma. El hombre, que tenía ochenta y nueve años, dijo que había encontrado en Amma lo que llevaba buscando toda la vida: amor *verdadero*. Y su mujer, de setenta años, admitió que por fin había encontrado una sensación de paz y satisfacción en su vida. Había empezado a practicar de forma regular la técnica de meditación de Amma y afirmó, con orgullo, que nunca había perdido un día de práctica desde que la aprendió.

En Nueva York, una mujer contó la historia de cómo había oído hablar de Amma. Había conocido a un sin techo que había insistido, con mucho entusiasmo, en que debía conocer a Amma y recibir su darshan. La única posesión del sin techo era su guitarra y se la habían robado, lo que le había enfadado mucho. Fue a ver a Amma, le confió su pena y, sorprendentemente, le devolvieron la guitarra. Elogiaba a Amma continuamente y le contaba a todo el mundo lo maravillosa que era. La mujer nos contó esta historia, incidiendo en que él le había dicho que simplemente "debía" ir a conocer a Amma.

Vaya donde vaya en el mundo, Amma abre los corazones de la gente. Nunca obliga a nadie a venir a Ella, pero la gente se siente atraída de forma espontánea. Pasado algún tiempo, podrán empezar a descubrir el calor del amor que empieza a crecer en su interior. Amma nunca le ha pedido a nadie que crea en Ella o que La adore. Sólo nos pide que tratemos de ser mejores seres humanos y que sepamos quienes somos realmente. La verdad es que, en realidad, no sabemos quiénes somos. Pasamos la mayor parte de nuestras vidas ajenos a nuestro propio Ser. Sólo alguien como Amma nos conoce realmente, mejor de lo que nosotros nos conocemos a nosotros mismos.

En un programa en Nueva York, todos los imponentes guardias de seguridad, de aspecto duro, que trabajaban en el salón del programa comenzaron a dulcificarse a medida que los programas avanzaban. El último día, uno de ellos, que estaba sentado en una silla de cara a Amma, insistió:

Dile a tu jefa que debería quedarse al menos una semana más. ¡Realmente la necesitamos aquí!

En Los Ángeles, un guardia de seguridad del hotel habló conmigo el último día del programa. Tenía los ojos un poco llorosos y dijo:

Chicos, realmente os voy a echar de menos cuando os vayáis: dame un abrazo.

Como soy una monja, le esquivé rápidamente, contestando que también nosotros echaríamos de menos estar allí ¡y que yo no era la que daba los abrazos!

Cada año, antes de la gira de Estados Unidos, Amma suele ofrecer a todos los residentes de *Amritapuri* un *darshan* personal en su habitación. En este encuentro tienen la posibilidad de hablar con Amma en privado. Para la mayoría, es el momento más importante del año: sentarse a solas con Amma y hablar con ella

de lo que quieran, aunque sea sólo durante unos cuantos minutos. Están deseando que llegue esta ocasión de estar con Amma.

En 2006, dudaba que Amma pudiera mantener estas reuniones en privado con los residentes del *ashram*. Aquel año pasamos nueve meses viajando. Fuimos desde el extremo sur de la India hasta el norte, viajando por carreteras llenas de baches durante dos meses, una caravana de siete autobuses y algunos vehículos más. Después, viajamos desde el norte de la India a Australia, Singapur y Malasia. Regresamos al *ashram* sólo tres días antes de viajar a Nueva York para un acto de dos días. La misma noche que regresamos de la India, Amma realizó un gran programa público. Algunos podrían preocuparse por el jet lag, ¡pero nosotros no tenemos ni siquiera tiempo para pensar en él! Seguimos entonces con otro circuito de programas por el sur de la India. Amma se encontraba en el *ashram* de *Amritapuri* durante sólo unos días antes de salir para el tour de Estados Unidos. Acabamos pasando en el *ashram* sólo dos semanas durante la primera mitad del año.

Nuestro programa de viajes nos había mantenido alejados del *ashram* durante tanto tiempo que no podía imaginarme cómo iba a poder Amma dar todos esos *darshans* privados en su habitación en tan sólo cuatro días. Como había más de tres mil residentes en el *ashram* y parecía imposible que pudiera sacar tiempo para ver a todo el mundo, pensé que ciertamente aplazaría esos *darshans*. Cuando me preguntaron, dije que no esperaran ver a Amma a solas hasta finales de año. ¿Cómo iba a ser posible que viera a todo el mundo en tan sólo unos cuantos días? Pero lo siguiente que supe es que Amma ya había empezado a dar *darshan* en la habitación.

A su estilo característico, comenzó los *darshans* a altas horas de la madrugada, tras regresar de los programas públicos donde había dado *darshan*, al menos, a cien mil personas.

Estuvo despierta toda la noche viendo a cada persona de forma individual. Amma está acostumbrada a estar en pie toda la noche, pero esto era algo que estaba haciendo en su tiempo "libre". Después de haberse reunido con todos los residentes, Amma todavía consiguió dar *darshan* a los que vivían en diferentes sucursales del *ashram*, a los que trabajaban en sus colegios, así como a muchos devotos que trabajaban en el hospital *AIMS* y en otras instituciones.

Para colmo, me quedé atónita cuando oí que Amma había pedido un *darshan* público el día antes de que nos marchásemos para la gira de Estados Unidos. Cuando invitas a miles de personas a pasar el día, es muy difícil lograr que se marchen inmediatamente. Pensé que, realmente, esto era demasiado; pero Amma estaba feliz de tener otra oportunidad para dar su máximo absoluto. En lo que se suponía debía haber sido un día de descanso antes del viaje, se sentó durante quince horas seguidas dando *darshan*. El programa acabó de madrugada y salimos para el aeropuerto esa misma tarde. Como de costumbre, donde sea que vayamos, incluso en el aeropuerto, Amma tiene otra sesión de *darshan*.

Viajando en tránsito por *Sri Lanka*, mientras algunos de nosotros descansábamos un poco, Amma pasó la mayor parte del tiempo con los *brahmacharis* que construían las casas de ayuda a los habitantes de la zona damnificados por el tsunami. Amma les dio instrucciones para su trabajo y les dio la oportunidad de pasar tiempo con Ella, igual que todos los demás acababan de hacerlo. Me asombra que Amma todavía siga dando tanto de sí misma a todo el mundo, todo lo que puede, sin importar lo llena que esté su agenda.

De camino a Estados Unidos, tuvimos un programa de tres días en Japón. Amma mencionó, en varias ocasiones, lo cansada que estaba y que no podía entender el porqué. ¡Yo misma sabía muy bien por qué podía estar exhausta!

Después de hablar con una de las chicas que había volado desde Estados Unidos para asistir al programa de Japón, de repente,

49

tuve una brillante idea. La chica me había dicho que había visto cómo los cómodos asientos de primera clase del avión se reclinaban completamente hasta ponerse horizontales. Como sabía que Amma nunca puede dormir bien en el avión, pensé que quizás podríamos utilizar nuestras millas de viaje para subirla de categoría a primera clase, de forma que pudiera descansar un poco. A quienes se lo dije les pareció una gran idea y, por tanto, me adelanté y cambié tres asientos a primera clase.

Tenía preparadas varias excusas para justificar el cambio. Nunca tendríamos ocasión de utilizar las millas, necesitábamos el espacio extra de equipaje y Amma podría descansar realmente bien en el vuelo. Cuando fui a verla para darle las noticias sobre lo que había organizado, Amma expresó claramente su reacción ante este cambio en pocas palabras. Dijo con firmeza:

¡Amma NO se subirá en ese avión si va en primera clase!

Después de mi choque inicial, odio admitir que, durante unos cuantos segundos, mientras me alejaba de Amma, surgió una pequeña voz en mi interior que decía: *"Vale, ¡ya veremos quién puede más!"* Era un pensamiento realmente estúpido considerando que se trataba de Amma.

Me presenté, de nuevo, ante la persona que organizaba nuestras reservas de viaje y le transmití el mensaje de Amma. Como era muy tarde, y estaba previsto que nos marchásemos al día siguiente, decidimos que era demasiado tarde para hacer nada en ese momento y que tendríamos que esperar hasta nuestra llegada al aeropuerto al día siguiente. Pensando que seguramente Amma no hablaba en serio, esperábamos en secreto que fuera demasiado tarde para un nuevo cambio y que simplemente tendríamos que aguantarnos yendo cómodamente en primera clase durante el vuelo.

Al día siguiente, cuando llegamos al aeropuerto, fui al mostrador para iniciar la facturación, con la esperanza de que Amma se hubiera olvidado de todo lo de la noche anterior. Teníamos todas las grandes y pesadas maletas alineadas y listas para facturar. Fui donde Amma estaba dando un último *darshan* a los devotos y le pedí que viniera al mostrador para que pudiéramos concluir el trámite.

Amma me recordó con énfasis que NO se subiría en ese avión si iba en primera clase. Me puse a sudar un poco, viendo el problema en el que estaba metida ahora. Me di cuenta, sin embargo, de que había unos cuantos devotos que vivían en el *ashram* japonés y que estaban muy felices: estaban encantados con la idea de que Amma se quedara con ellos un poco más. Me precipité hacia el mostrador para intentar convencer a la mujer de que había cometido un enorme error y pedirle, por favor, que nos bajara de categoría. Me preocupaba que todos los devotos de Estados Unidos acabasen conmigo si Amma no aparecía a tiempo para el primer programa.

Por suerte, pudimos hacer el cambio. Corrí hacia Amma para decirle que ya no estábamos en primera clase, ¿podría por favor acercase al mostrador para facturar? Amma accedió graciosamente y se dirigió hacia el mostrador.

Media hora más tarde, me explicó con calma que Ella tenía que darnos ejemplo. Si viajaba con lujos, otros en el *ashram* que la miraban como un ejemplo querrían hacer también lo mismo. La forma en la que Amma vive su vida y realiza sus acciones es un ejemplo perfecto para nosotros.

Mientras la prensa la entrevistaba, le hicieron esta pregunta:
Amma tiene mucho éxito, ¿cómo lo hace?
Amma respondió:
En primer lugar, hay que dar ejemplo de forma muy auténtica y, entonces, otros lo seguirán, pero hay que ser espontáneo.

Alguien compartió conmigo las valiosas palabras que Amma le había dicho un día en el que se sentía triste. Amma le dijo que a veces viaja por carretera para ahorrar unos cuantos dólares. Ha visto muchísimo sufrimiento a lo largo de su vida. Dice que, a veces, se sienta durante veinte horas al día dando *darshan*, metida en el barro con todos nosotros para tratar de sacarnos de él. Somos flores cubiertas de barro y Ella está limpiando con paciencia todas estas flores. Algunas flores son muy bellas. Amma le dijo a esta chica que ella era una flor preciosa y que había pasado mucho tiempo limpiándola, con gran cuidado, desde que era una niña. Lo había hecho para que ella pudiera dar ejemplo y reflejar al mundo el mensaje de Amma.

Amma dice que esas flores son muy valiosas, pero, desconociendo su valor y pensando que no valen nada, se arrojan de nuevo al fango. Sin embargo, Amma nos saca de nuevo del barro, una y otra vez, y trata de limpiarnos. Desde su infinita compasión, Amma llega para elevarnos y reforzarnos. Podría elegir permanecer en un estado exaltado de dicha; pero desea, en cambio, sacrificarse por el bien de la humanidad.

Capítulo 5

Humildad en la simplicidad

Si crees que eres una persona de cierta influencia,
trata de dar órdenes al perro de otro.

– Proverbio de Internet

Durante las celebraciones del *50 Amritavarsham* en *Cochin*, en 2003, se programaron cuatro días de eventos. El último día, justo antes del acto principal, subimos al escenario y Amma se quedó mirando la silla que había sido maravillosamente decorada para que Ella se sentara. Me dijo:

Quita la tela.

No le gustaba, porque tenía un poco de oro bordado en los bordes y le parecía demasiado lujoso. En muchas ocasiones, Amma siempre ha dicho que prefiere telas sencillas, porque se ahorra dinero y porque también da ejemplo de simplicidad a otros. Como cientos de miles de personas me estaban mirando, me horrorizaba la idea de tener que desmontar la silla y tratar de encontrar una tela sencilla para la misma ¡en unos pocos segundos!

Amma, *por favor,* ¡sólo es un *poquito* de oro en los bordes! le supliqué.

Por suerte para mí, Amma se percató con compasión de la situación en la que me encontraría si tenía que buscar otra cosa para cubrir la silla en el último minuto y aceptó, por tanto, a regañadientes, sentarse en la silla. Me sentí tan aliviada... No importa dónde nos encontremos o la situación en la que estemos,

Amma insiste en que dejar muy claras sus enseñanzas por medio de su ejemplo personal.

La humildad es la cualidad que más necesitamos para encontrar paz y armonía en el mundo. Sólo cuando somos humildes en nuestro interior puede haber armonía en el exterior.

Todas las guerras y la violencia que vemos en la actualidad han comenzado en la mente. Un pensamiento surge en la mente y, más tarde, lo ponemos en práctica. Después esa acción podría extenderse hasta provocar una increíble cantidad de violencia. Antes de poder agotar todas las negatividades de nuestro interior y antes de poder ser verdaderamente compasivos, debemos tener, primero, la actitud de humildad.

El ego nos sigue como una sombra; pero cuando nuestra frente está en el suelo, no hay sombra. La humildad es la espada que puede matar el ego, al egoísmo que hay en nuestro interior. No podemos deshacernos del ego completamente: está en todos. Aún así, si nos esforzamos con una actitud de inocencia, la gracia Divina fluirá ciertamente hasta nosotros y parte del ego puede irse.

No podemos destruir el ego por nosotros mismos. Necesitamos la guía de un Maestro espiritual para lograr la clase de humildad que necesitamos para trascender el ego y las *vasanas*. Si tenemos el punto de vista adecuado, donde sea que estemos en el mundo, la gracia del Maestro puede fluir hasta nosotros para ayudarnos a superar nuestras *vasanas*. No tenemos que estar necesariamente en su presencia física para experimentar esta gracia.

Cuando nuestro ego comienza a derretirse, empezamos a ser humildes. Esta humildad nos permite recibir la gracia. Entonces somos capaces de entender el significado profundo de cada una de las acciones y palabras del *Guru*. Por eso es por lo que Amma dice que necesitamos la cualidad de la humildad. Debemos tener la perspectiva de un principiante para entender realmente el significado profundo de lo que el *Guru* dice y hace.

Los seres más grandes de este mundo han sido siempre los más humildes y sencillos. Se hizo una investigación acerca de las empresas y los ejecutivos superiores de más éxito, situados en los puestos más altos del mundo de los negocios. Contrariamente a todas las expectativas, se descubrió que los ejecutivos superiores más exitosos son, en realidad, muy callados y reservados y, a menudo, incluso tímidos. No eran egotistas, sino personas sinceras y corrientes que trabajaban muy duro. Cuando se comparó a los jefes de las empresas menos exitosas y de un nivel inferior, se descubrió que la mayoría de ellos tenían enormes egos. Los administradores de las empresas más pequeñas querían atribuirse todos los éxitos, pero culpaban a otros cuando sus empresas no obtenían buenos resultados.

En cambio, los jefes humildes siempre están dispuestos a atribuir su buena fortuna a factores distintos de sí mismos y, cuando las cosas no van bien, asumen toda la responsabilidad de sus errores.

Amma se ha convertido en uno de los mayores ejemplos del triunfo de la humildad. De un origen sencillo y con poca educación formal, ha ascendido en el mundo para convertirse en uno de sus grandes directores ejecutivos. Es la directora aclamada mundialmente de una organización de servicio que está en continua expansión. Es la directora ejecutiva suprema, que dirige a miles de personas en su trabajo humanitario, con una enorme cantidad de compasión, humildad, paciencia y sinceridad. No necesita que la aprecien o feliciten por sus logros, sino que sólo desea servir a la humanidad, aliviar el sufrimiento, elevar a los pobres e inspirarnos a todos a llevar una buena vida.

Se le ha preguntado, a menudo, si alguna vez se plantearía meterse en política. Ella, con frecuencia, se ríe y dice que no desea ser la jefa de nada. Sólo quiere ser la barrendera que barre nuestras mentes, barriendo el sufrimiento y la pobreza y sirviendo al mundo. Mientras la mayoría de nosotros estamos ocupados labrándonos una reputación, Amma nos recuerda la importancia de practicar la humildad. Su naturaleza sencilla es tan auténtica que nos inspira a unirnos a ella barriendo y a dejar de preocuparnos por tratar de progresar.

Amma jamás piensa que ninguna tarea esté por debajo de Ella. Su incontenible humildad la lleva, a menudo, a ser la primera en participar en cualquier trabajo que otros podrían mostrarse reacios a realizar.

Tras un programa de dos días en *Durgapur*, en 2004, estábamos saliendo del lugar del acto para viajar por carretera hasta Calcuta. Amma preguntó a uno de los *brahmacharis* si se había limpiado el lugar del programa. Él respondió que sí; pero, cuando salíamos del lugar, Amma se dio cuenta de que todavía había montones de platos hechos con hojas y de papeles por el suelo. Detuvo el coche, salió y empezó a limpiar la basura. Naturalmente, esto rápidamente inspiró a las quinientas personas que hacían la gira a unirse a la tarea. Con la ayuda de todos, el área se limpió rápidamente y la basura fue quemada rápidamente. Amma nunca tiene reservas para hacer que las personas empiecen a realizarla acción adecuada cuando es necesario.

Más recientemente, en 2007, cerca del final de un programa en *Tamil Nadu*, Amma insistió en que las personas que viajaban con Ella salieran a limpiar el terreno y ayudaran a desmontar las estructuras temporales que se habían construido especialmente para el programa. Los devotos estaban felices de poder hacerlo y se sorprendieron enormemente cuando la policía que estaba de servicio durante el programa también se les unió. Fue una escena asombrosa. Amma tiene la capacidad de inspirar a todos para que quieran ayudar a hacer algo bueno, sean quienes sean.

Nunca antes la policía se nos había unido en nuestro trabajo, pero estos oficiales habían sido tan profundamente tocados por Amma y estaban tan impresionados por lo duro que todo el mundo trabajaba, que quisieron hacer algo para ayudar también. Con frecuencia, percibimos a la fuerza policial como personas muy diferentes a nosotros, porque desempeñan un papel completamente distinto. Pero frente a Amma todas las diferencias desaparecen y se funden en su amor maternal.

Al final de un programa público en *Chennai*, dos mujeres policía fueron con Amma a visitar una casa. Le preguntaron si podían hablar con Ella en privado durante unos minutos. Una de ellas empezó a abrirle el corazón a Amma. Poco a poco, las lágrimas se fueron acumulando en sus ojos. Le contó la triste historia de un embarazo y un aborto. Se quedó nuevamente embarazada, pero a los cinco meses fue golpeada por un autobús y volvió a abortar. Ahora tenía dificultades para concebir y le pidió a Amma que la bendijera para lograrlo. Amma secó con cariño las lágrimas de la mujer y después las suyas y le prometió que haría un *sankalpa* por ella.

Le llegó entonces el turno a la segunda mujer policía para contarle sus problemas a Amma. Tenía muchos problemas familiares, entre ellos, un marido que a menudo la golpeaba. Estaba tan triste y deprimida que se planteaba el suicidio. Amma la abrazó haciéndole prometer que no lo haría nunca y le dio algunos consejos para mejorar la situación. Cuando las dos mujeres policía terminaron de hablar con Amma, se enjugaron las lágrimas con los pañuelos, dieron unos pasos hacia atrás y dejaron entrar a los siguientes en la sala para que le contaran también sus problemas. Tras unas respiraciones profundas para recuperar de nuevo el control sobre sus emociones, las mujeres policía salieron de la habitación.

Cuando nos marchábamos de la casa, una de las mujeres me agarró por el brazo y en voz baja me dio las gracias con enorme agradecimiento. Yo no había hecho nada; simplemente estaba cerca de Amma, presenciando en silencio su amor desbordante y compasivo. Después de haber visto a estas mujeres y a los policías que ayudaron en el programa anterior, mi imagen de la policía realmente cambió. Ya no los veo simplemente como un uniforme. Ahora los veo como personas que quieren y necesitan el amor de una madre y a alguien a quien confiar sus problemas, igual que el resto de nosotros.

Aunque Amma no tiene nada más que ganar en este mundo y nadie cuestionaría nunca su derecho a descansar, Ella nunca se para. Cuando no está dando *darshan*, lee durante la mayor parte del día todas y cada una de las cartas que le llegan. En su tiempo libre, orienta a los que lo necesitan, así como a los que supervisan las instituciones que se gestionan en su nombre.

Amma tiene a miles de personas trabajando en todo el mundo, realizando actividades de servicio por Ella. Aunque hacen el trabajo con mucho entusiasmo, a menudo les falta experiencia para ocuparse de asuntos prácticos y, por tanto, Amma tiene que aconsejarles frecuentemente. Algunos podrían pensar que, cuando Amma no está realizando programas o dando *darshan*, está descansando, pero normalmente dedica el tiempo a reunirse con otras personas para orientarles en el siguiente paso que tienen que dar o para dirigirles por teléfono. De hecho, raramente descansa.

Cuando llegamos a los programas en India, normalmente la sigo hasta el exterior del vehículo, a su lado, porque las multitudes se exaltan mucho y es bueno que esté cerca de Ella para protegerla. (De hecho, ¡necesito estar cerca de Amma para que Ella pueda protegerme a mí!) Podría parecer que estoy sujetando a Amma para que no se caiga, pero, en realidad, lo que sucede realmente es lo contrario. Me sujeto a Ella para no caer, tanto literalmente como en sentido figurado.

Una noche llegamos a *Trivandrum* para un programa. Los devotos le habían colocado entusiasmados guirnaldas a Amma a través de las ventanillas del coche mientras avanzábamos lentamente por el estrecho camino que lleva al *ashram* de *Trivandrum*. El coche estaba lleno de guirnaldas. Cuando llegamos, Amma recogió unas cuantas guirnaldas de flores que estaban en el suelo junto a sus pies y las puso en el asiento con todas las demás para ponerlas juntas. La miraba reordenarlas y me preguntaba qué estaría haciendo, ya que había una enorme multitud de personas esperándola.

Cuando salí del coche, me di cuenta, finalmente, que Amma las había reorganizado para que yo tuviera espacio para mover el asiento y pudiera salir detrás de Ella. Las podría haber cambiado de sitio yo misma fácilmente, pero Amma se tomó el tiempo y la molestia de mover las guirnaldas por mí. El gesto de consideración de Amma me hizo sentir una gran humildad. Se supone que el discípulo sirve al *Guru*, pero con Amma sucede realmente lo contrario: Ella está siempre sirviéndonos. Después de salir del coche, caminamos por el sendero, donde había bancos de madera con grandes lámparas de aceite encendidas sobre ellos. La multitud estaba detrás de los bancos. Pero no fue una idea demasiado buena, porque la gente no podía evitar empujar hacia adelante haciendo un gran esfuerzo por tocar a Amma.

Ella les dijo a todos, a lo largo de todo el camino, que tuvieran cuidado con las lámparas de aceite y les advirtió que no corrieran hacia adelante por lo peligroso de la situación. Se molestó en asegurarse de que las personas que había detrás de todas y cada una de las lámparas de aceite no corrían el peligro de quemarse e insistió en que tuvieran cuidado para no empujarse mutuamente contra ellas.

Al final del camino, una gran cantidad de personas esperaban dentro del edificio a que Amma entrase. Con todo el alboroto, el devoto que se suponía que tenía que hacer el *arati* a Amma no podía encender el alcanfor. Amma, la madre siempre servicial y considerada,

se tomó pacientemente el tiempo de encender el alcanfor Ella misma, para que el devoto pudiera realizar la tradicional ceremonia.

Amma siempre se preocupa de que se cuide a todo el mundo. Siempre que aparece en un programa, mira primero a su alrededor para asegurarse de que todos tengamos un espacio razonable para sentarnos. No quiere que la gente tenga que sentarse bajo la lluvia o el sol. Puede pedir que se retiren las vallas o los carteles que no dejan ver. A menudo, les pide a los cámaras que se sienten para que todo el mundo pueda ver.

Amma siempre antepone las necesidades de los demás a las suyas. Al comienzo del *satsang*, puede disculparse porque no haya suficiente espacio para que todos se sienten. En lugar de tratar de mostrar la grandeza de un orador experto, Amma ejemplifica el flujo interminable de una madre compasiva. Amma es capaz de hacer muchas cosas a la vez. Incluso mientras recibe a las multitudes durante el *darshan*, todavía se ocupa de quienes están esperando, asegurándose de que se les sirva agua o de que no estén bajo el sol, si puede evitarse. También anuncia, con frecuencia, por megafonía que se tenga cuidado con las joyas y los objetos valiosos, para estar seguros de que los ladrones que podrían merodear entre las grandes multitudes no roben nada.

El ser prácticos nos ayuda en las dificultades de la vida espiritual. Amma enseña esto por medio de los ejemplos del día a día. Una vez, Amma estaba dando *darshan* y una persona se sentía enferma y a punto de vomitar. Amma vació el plato de *prasad que había* junto a Ella y se lo dio a esta persona para que pudieran vomitar en él. Nunca consideró que fuera demasiado sagrado, como nosotros podríamos haberlo hecho. Amma siempre es totalmente práctica y considerada con los demás.

Un verdadero Maestro nunca nos pedirá que lo abandonemos todo, sino que, por el contrario, nos enseñará a tener sólo lo suficiente para cubrir nuestras necesidades. Amma trata de enseñarnos a compartir y a abrir nuestros corazones a los demás. Esta actitud de compartir nos hace más compasivos y realmente acelera nuestro crecimiento espiritual. Todas las prácticas espirituales están destinadas a ayudarnos a despertar el amor que reside en nuestro interior. Incluso quienes no realizan prácticas espirituales tradicionales, pero han aprendido a compartir, experimentan algo de paz por su actitud desinteresada.

En una ocasión, estábamos esperando en la sala de una línea aerea el comienzo del embarque de nuestro vuelo y le había dado a Amma un poco de té. Entonces me dijo que les diera té a los *swamis* que estaban esperando en otra área. Le dije que, seguramente, ya les habría dado té algún otro, pero Amma insistió en que se lo llevara. Quería inculcarme la idea de pensar en los demás antes que en uno mismo en todas las situaciones. Amma no piensa en sus propias necesidades, sino que siempre pone a los demás primero. No importa lo ocupada que esté, Ella siempre pensará en los demás antes que en sí misma. Toda su vida está dedicada, como una ofrenda, a servir al mundo.

Hay una historia real que ilustra el valor de tener en cuanta las necesidades de los demás. Un grupo de unos setenta científicos trabajó muy duro, de doce a dieciocho horas al día, en una estación de lanzamiento espacial. A medida que se aproximaba la fecha del lanzamiento, se sentían cada vez más frustrados por la presión de su intenso horario. Su jefe les hacía trabajar duro, pero eran muy leales y nunca pensaron en dejar el trabajo.

Una mañana, uno de los científicos fue a ver al jefe y le dijo que les había prometido a sus hijos llevarles a una exposición que había llegado a la ciudad. Le pidió permiso para irse de la oficina a las cinco y media de la tarde, para poder ir con ellos. El jefe se lo dio. El científico comenzó a trabajar y estuvo muy concentrado durante todo el día. Finalmente, miró el reloj, porque pensó que ya era hora de marcharse, y se sobresaltó al ver que ya eran las ocho y media de la noche.

Decepcionado por haberse perdido esta oportunidad de llevar a sus hijos a la exposición, buscó a su jefe para decirle que se marchaba. No pudo encontrarlo en ningún sitio. Se sintió muy culpable por haber perdido la oportunidad de estar con sus hijos, que tenían tantas ganas de ir.

Cuando llegó a casa, todo estaba muy tranquilo y no vio a sus hijos. Encontró a su mujer trabajando en la cocina y, cautelosamente, se acercó a ella, pensando que debía de estar muy enfadada con él. Para su sorpresa, le sonrío con simpatía. Se atrevió a preguntarle dónde estaban los niños. Ahora fue ella la sorprendida. Le contestó que su jefe había llegado a las cinco y cuarto y se había llevado a los niños a la exposición.

Resultó que su jefe había pasado por la oficina del científico a las cinco. Cuando lo vio tan metido en su trabajo, supo que le sería difícil desconectarse en ese momento. Pensando que los niños no debían perderse la exposición, el jefe decidió llevarles él mismo a verla. La pareja estaba muy contenta al comprobar qué jefe tan considerado y sumamente inteligente tenía el marido.

Este incidente sucedió pocos años antes de que el considerado jefe se convirtiese en el presidente de la India, el Dr. A. P. J. Abdul Kalam.

Pasamos la mayor parte de nuestra vida realizando acciones en nuestro propio beneficio. En raras ocasiones nos tomamos tiempo para pensar en los demás. La mayoría pasamos nuestras vidas ocupados todo el tiempo, pero raramente logramos algo significativo. Amma nos inspira a tratar de ir más allá de nuestro egoísmo y a ser verdaderamente desinteresados en nuestros pensamientos y acciones.

Capítulo 6

¿Qué es la verdadera felicidad?

Alabanza y crítica, ganancia y pérdida, placer y pesar,
todos vienen y se van como el viento. Para ser feliz,
descansa como un árbol gigante en medio de todos ellos.

— Buda

Hace muchos años, el rey de España dijo una vez:
He gobernado durante cincuenta años, en la victoria y en la paz. Querido por mis súbditos, temido por mis enemigos y respetado por mis aliados. Riquezas y honores, poder y placer, todos han esperado mis órdenes. Ninguna bendición mundana parece haber estado deseando mi felicidad. Aún así, he contado diligentemente los días de felicidad verdadera y pura, y extrañamente sólo son… catorce.

Como este rey, la gente busca durante toda su vida, tratando de encontrar lo mejor de todo. Incluso cuando obtengamos todo lo que deseemos, no seremos necesariamente felices. En una ocasión, cuando nos alojamos en un lujoso hotel en Estados Unidos para un retiro, había cinco almohadas en cada cama. Como yo quería dormir en el suelo, busqué una manta en los cajones, y finalmente la encontré. Pero, ¿sabéis que encontré en el cajón de arriba? ¡Otra almohada! No me podía creer que cinco almohadas no fuesen suficientes para alguien. Si pensamos que necesitamos ciertas cosas en la vida para sentirnos satisfechos, nunca estaremos contentos.

Leí una entrevista con una popular celebridad que decía: "Todos tenemos en común la sensación de no tener equilibrio. La mayoría tiene el ardiente deseo de ser feliz y estar en paz, pero muy pocos de nosotros logramos ese estado. Ninguna persona o posesión nos traerá ese estado de paz interior... la única cosa que puede llenar ese vacío es un poder superior. Estoy convencido de que hay un ser superior sobre nosotros. Si nos dejaran solos, estaríamos destinados al caos".

Somos muy afortunados de tener una guía espiritual como Amma, que puede mostrarnos dónde se encuentra la verdadera felicidad.

Amma dice, con frecuencia, que en el mundo actual todos quieren ser un rey en lo externo, pero que en el interior siguen siendo simples mendigos. Si seguimos mendigando, moriremos como mendigos; pero, si aprendemos a dar, seremos reyes. Debemos tratar de transformarnos de mendigos en reyes... en el interior, no sólo en el exterior.

La alegría que recibimos en compañía de un santo no es la alegría que el santo nos da, sino la que se manifiesta desde el interior de nuestro corazón.

Es como el capullo de un loto que se abre y florece maravillosamente, ofreciendo su perfume, al atardecer. El sol es sólo una causa aparente para que el capullo florezca. No sale nada nuevo que no estuviera ya inherente en el capullo. De forma similar, en presencia de un alma iluminada, la alegría que se esconde en nuestro interior se revela por sí misma.

El amor se encuentra muy escondido en el corazón de todo el mundo. Amma dice, a menudo, que debemos tratar de ver lo bueno en todo, ya que incluso las flores de loto florecen en el barro y la mugre del agua sucia. Cuando nos llenamos de compasión, empezamos a ver a todos los demás como parte de nuestro propio

Ser y, en este estado, nuestro corazón empieza a desbordarse de amor.

Está garantizado que alguien que no conozca la naturaleza de la vida experimentará mucho dolor; pero quien conoce la naturaleza del mundo puede aceptar cualquier cosa que suceda con una sonrisa, y nada le afecta adversamente. Si sólo tratamos de obtener cosas externas, seremos infelices, tanto si las recibimos como si no. La felicidad nunca puede encontrarse en algo externo. Tiene que venir del interior.

Un hombre de noventa y dos años, con la vista debilitada, tenía que trasladarse a una residencia de ancianos, porque su esposa de setenta años había fallecido recientemente. El pequeño y orgulloso hombre siempre estaba arreglado, cada mañana a las ocho, recién afeitado, con el pelo cuidadosamente peinado. El día en que se mudaba, se sentó pacientemente en el vestíbulo de la residencia de ancianos, esperando a que le mostraran su nueva habitación. Sonrió dulcemente cuando el auxiliar le dijo que su habitación estaba lista. Mientras dirigía su andador hacia el ascensor, el auxiliar le hizo la descripción visual de su pequeña habitación, incluyendo los muebles y el color de las cortinas que colgaban de la ventana.

Me encanta dijo con el entusiasmo de un niño de ocho años al que le acaban de regalar un nuevo perrito.

Señor Smith, todavía no ha visto la habitación. Espere un poco.

No tiene nada que ver con eso contestó. La felicidad es algo que decides de antemano. Que me guste la habitación o no, no depende de cómo estén ordenados los muebles: es cómo ordeno yo mi mente. Ya he decidido que me encanta. Es una decisión que tomo cada mañana cuando me levanto. Tengo una opción: puedo pasarme el día en la cama pasando revista a las dificultades que tengo con las partes de mi cuerpo que ya no funcionan o puedo levantarme de la cama y estar agradecido a las que sí que funcionan. Cada día es un regalo mientras mis ojos se abran; me centraré en el nuevo día y en todos los recuerdos felices que haya almacenado, precisamente para ese momento de mi vida.

Pese a todos los conocimientos, riquezas y logros que podamos adquirir en la vida, si no nos preocupamos por el bienestar del mundo, todo lo que hayamos adquirido será inútil. Esto no significa, sin embargo, que no debamos intentar hacer nada en la vida.

Una niña me dijo una vez que se sintió confundida durante mucho tiempo, después de escuchar unas enseñanzas espirituales sobre la futilidad de la búsqueda material. Había dejado de hacer cosas que siempre le habían gustado mucho, como escribir poesía y pintar; pero, finalmente, le aclararon las dudas. Amma le dijo que la creatividad no es un obstáculo para la vida espiritual. Podemos hacer todo lo que realmente queramos hacer; pero, simplemente, debemos recordar que nada en este mundo exterior nos hará felices.

Uno de los *brahmacharis* destinado a una sucursal del *ashram* en el norte de la India relató sus experiencias de un viaje reciente al Himalaya. Era bastante feliz en el *ashram*, pero pensó que su mente era lo suficientemente fuerte para poder marcharse a un bosque en el Himalaya a meditar y hacer *tapas*. Al llegar al bosque, descubrió que éste no era el caso. Allí no encontró ninguna paz mental. Por el contrario, en su mente empezaron a surgir muchos otros sentimientos y pensamientos, e incluso se asustó mucho. Dejó el bosque para vivir con otros *yogis* en la falda de la montaña, pensando que esto mejoraría la situación.

Cuando vio cómo vivían algunos allí, su idea de la vida espiritual en el Himalaya se hizo pedazos. Los *sadhus* comían a las siete de la mañana y, de nuevo, a las cuatro de la tarde. Comían hasta llenarse y luego dormían tras una buena comida. Se sentaban a fumar *beedies* ó *chillums* y a hablar de *Vedanta*. Algunos incluso acababan peleándose unos con otros, porque estaban en desacuerdo en algún punto. El *brahmachari* dijo que nunca encontró a nadie que hablara de Dios con devoción y que ninguno de los *yogis* se comportaba con cariño hacia los demás. A menudo se evitaban los unos a los otros, porque temían tener que mostrar algo de hospitalidad y ofrecer una taza de té, reduciendo, de este modo, sus recursos monetarios.

Su experiencia refleja lo que Amma dice a menudo sobre el *Vedanta*: que no debemos simplemente hablar de él, sino que, por el contrario, debemos tratar de vivirlo realmente.

La mente nunca puede estar en calma; siempre habrá pensamientos que vendrán a molestarnos. La mente nos seguirá donde quiera que vayamos, desde las alturas del Himalaya hasta las profundidades del bosque más profundo. Siempre nos acosará; no hay escapatoria. Amma nos dice que es mejor trabajar por el mundo en lugar de tratar sólo de calmar la mente. El *brahmachari* dijo que se sentía mucho más feliz ahora que estaba sirviendo de nuevo. Considera a quienes están alrededor de Amma mucho más desinteresados que la mayoría de los *yogis* que había conocido viviendo en el Himalaya.

Un grupo de sus alumnos le hizo una pregunta al gran filósofo Aristóteles:

Maestro, lleva décadas enseñando y ha escrito muchos libros. Díganos en unas cuantas palabras: ¿cuál es la finalidad del conocimiento?

Aristóteles les respondió:

El significado, la finalidad del conocimiento es, sin lugar a dudas, el servicio.

Hace apenas unos meses, escuché a Amma hablando con un visitante del *ashram* de la India. Ella dijo:

No me importa si mis hijos quieren pasar todo el tiempo meditando, o si sólo quieren trabajar duro, siempre que no sean

perezosos. Pueden trabajar duro si quieren y meditar si quieren; pero, al menos, deben pasar un poco de tiempo al día trabajando, para que puedan ganar suficiente dinero para pagar la comida que consumen. Y que luego trabajen un poco más, para que puedan ganar diez rupias que puedan utilizarse en servir al mundo. Eso es todo lo que le pido a cada uno de ellos. No deben depender de otros para vivir.

Incluso si pensamos que no encajamos con todas las prácticas espirituales, al menos podemos trabajar duro haciendo algo, porque eso es todo lo que Amma espera de nosotros. No hay nadie que no encaje con Ella. Ella acepta a todo el mundo.

Un niño japonés con necesidades especiales viajó a la India con un grupo de ochenta estudiantes que todos los años ayudan a construir casas gratuitas para los pobres. El niño padecía una parálisis cerebral y con su cuerpo paralizado estaba, en su mayor parte, limitado a su silla de ruedas. Tenía un intenso deseo de colaborar como los demás estudiantes, especialmente porque las casas serían para las víctimas del tsunami. Desgraciadamente, la mayor parte del trabajo exigía un difícil trabajo manual que le era imposible realizar, como mover pesados materiales de construcción.

Finalmente, se encontró una solución. Le pusieron un guante en una mano, donde le ataron una brocha, y fue capaz de mover el brazo lo suficiente para pintar las paredes de las casas. Aunque le salpicaba tanta pintura a él y a todo lo demás como iba a las paredes, a nadie le importaba. Incluso con el intenso sol cayéndole implacablemente encima, a él le daba igual: se sentía feliz.

Más tarde dijo:

Sabes, toda mi vida he tenido siempre a otros sirviéndome. Por fin he encontrado algo que hacer para ayudar a otros. Sentía que Amma estaba en mi cuerpo; Ella también quería trabajar así de duro.

Estaba muy contento de poder ayudar por fin.

Nuestra felicidad se basa en la felicidad de otros. Algunos piensan que explotando a otros pueden ser felices, pero no es cierto. Sólo tratando de ser útiles para los demás, sacrificando nuestro propio interés por su bien, podemos encontrar la verdadera felicidad. Si podemos hacer algo con amor en el corazón y sacrificarnos por el bien de los demás, experimentaremos paz y alegría. Cualquier trabajo que hagamos por el bien de la humanidad bendecirá nuestra vida.

Capítulo 7

El poder del amor

La razón por la que dos antílopes caminan juntos es para que uno pueda sacar el polvo de los ojos del otro.

— Proverbio africano.

El amor entre el *Guru* y el discípulo es la clase de amor más pura que puede experimentarse en este mundo. Este amor es así de profundo porque el *Guru* simplemente ama, sin esperar nada a cambio. La única expectativa del *Guru* es llevar al discípulo al reino de la Verdad Suprema por el camino de la gracia.

Los otros tipos de amor que se experimentan en el mundo raramente poseen esta cualidad. El amor que la mayoría de nosotros hemos conocido es condicional, basado a menudo en expectativas ocultas y que, normalmente, va unido al desengaño. Hasta un bebé inocente ama a su madre con la esperanza de que recibirá la nutritiva leche materna. El amor de todo el mundo lleva una etiqueta con el precio. Pero Amma cree que debería existir un lugar en el mundo para el amor desinteresado, sin ningún precio, sin ninguna expectativa. Por eso ha venido.

En un programa de tarde en la gira de Estados Unidos, el traductor le preguntó a Amma si quería que sus enseñanzas usuales sobre el amor fuesen traducidas. Amma dijo que sí, que debía hacerse. Se rió al notar que el traductor estaba un poco cansado de tener que repetir las mismas enseñanzas sobre el amor día tras día. Amma dijo que Ella nunca, nunca se cansa de hablar del amor. Para Ella el tema del amor es siempre fresco y nuevo, porque Ella experimenta su plenitud todo el tiempo. El amor no es sólo una palabra para Ella, sino una experiencia siempre emocionante. Le dijo al traductor que no debía infravalorar el poder del amor, que es algo que, desafortunadamente, la mayor parte de nosotros hacemos a menudo.

El poder del amor, el poder del alma, existe en el interior de todos. Lo que Amma busca es despertar ese potencial de poder infinito: la maternidad de las personas, tanto en los hombres como en las mujeres; el amor y la compasión de todos. El amor puro tiene la capacidad de producir un tremendo cambio en cada uno de nosotros y en el mundo.

Una periodista que investigaba una historia sobre animales se asombró al conocer a una adicta a la heroína que se había enamorado de un perro callejero. La adicta se dio cuenta de que tendría que limpiarse para poder cuidar adecuadamente del animal. Asumió la responsabilidad de reformarse y dejó las drogas para poder cuidar convenientemente de su animal. Ella salvó al perro y el perro la salvó a ella.

Los periodistas le piden, con frecuencia, a Amma que describa qué se siente abrazando a las personas que acuden a Ella. Amma les responde:

Es una experiencia muy pura. Veo en la gente un reflejo de mí misma. Cuando los miro, me convierto en ellos y siento sus penas y sus alegrías. Nos encontramos en el nivel del amor.

Cuando Amma da *darshan*, actúa como un catalizador para ayudarnos a experimentar nuestra verdadera naturaleza más profunda. Hemos estado bebiendo agua de la acequia durante tanto tiempo que cuando entramos en contacto con el agua pura es maravillosamente refrescante. En Amma, tenemos un vislumbre de nuestra propia Naturaleza Divina interior.

Amma dice que Ella no está sólo limitada a su cuerpo de metro y medio. Dice que, si miras en tu interior, la verás en tu corazón. Está, como el Ser interior, oculto dentro de cada persona. Como no tenemos conciencia de esta experiencia, pensamos que Amma no está con nosotros todo el tiempo. En todos y cada uno de los momentos, Amma está con nosotros y cerca de nosotros: Ella es nuestro propio Ser.

La mayoría de nosotros sólo pensamos en ganancias y en pérdidas materiales, pero la mayor ganancia que podemos tener en la vida es el amor. Todas las distintas prácticas espirituales que hacemos pretenden, de hecho, despertar la esencia latente del amor que reside en nuestro interior, justo bajo la superficie de nuestras preferencias y aversiones.

Igual que una araña que teje su red puede quedarse enganchada en ella, nosotros también podemos quedarnos enredados en la telaraña de los deseos que tejemos. Nos encerramos en nuestro pequeño universo privado, que se basa en *maya*. Sólo un alma iluminada puede sacarnos de esta telaraña enmarañada que es nuestra propia creación.

Había una vez un hombre que amaba mucho a Amma. Pero Amma podía ver lo que nadie más podía: que en su interior llevaba una pesada carga de profundas heridas del pasado. Ella sabía que siempre había algo que le perturbaba. Le confió a Amma que uno de sus hijos se había suicidado hacía mucho tiempo y que nunca había podido olvidarlo. Aún así, simplemente amando a Amma, esta herida del pasado cicatrizó inconcebiblemente. Ella le aconsejó olvidarse del pasado, como si fuera un cheque anulado. Como un médico que receta medicinas para curar la enfermedad del paciente, Amma nos ofrece a cada uno de nosotros exactamente lo que necesitamos para sanar nuestros corazones.

Amma ama por igual a todos los seres de la creación. Una noche, en el *ashram*, Amma tuvo la incómoda sensación de que algo iba mal con una de las vacas. Pensó que quizás se hubieran olvidado de alimentarla correctamente y que alguna de ellas podría estar hambrienta. Llamó por teléfono al *brahmachari* encargado del establo y le preguntó si todas las vacas habían sido alimentadas. Él contestó que sí. Aún así, Amma sentía que algo no iba bien y fue a investigar.

Al llegar al establo, llenó un contenedor de comida para vacas y lo puso frente a uno de los terneros. El ternero se lo comió todo. Viendo lo hambriento que estaba, Amma preguntó acerca de ello. El *brahmachari* recordó, de repente, que la madre de este ternero había muerto y que se había puesto a otro *brahmachari* a su cargo. Pero este se había marchado ese día y todos los demás se habían olvidado de alimentarle. Pero no Amma: ella sabía del hambre del ternero sin que nadie se lo hubiera dicho.

Amma dice que antaño las madres tenían un vínculo tan profundo con sus hijos que, aunque el niño estuviera muy lejos, del pecho de la madre empezaba a salir leche cuando el niño tenía hambre, porque sabía espontáneamente que era la hora de alimentar al niño. En la actualidad, el vínculo del amor no es tan fuerte. A veces hay que llamar a la madre al móvil para decirle que su hijo tiene hambre.

El mundo está lleno de egoísmo. Las personas dan amor con expectativas, porque no se han dado cuenta del lugar donde reside la misma fuente del amor. Siempre estamos buscando obtener algo del exterior, pero son intentos vanos que sólo nos dejan tristes, frustrados y vacíos. Viendo a tantas personas sufrir de esta manera, Amma siente una compasión inmensa y trata de sacarnos de ese estado.

Alguien le preguntó una vez a Amma:

¿Cómo puedo amarme más a mí mismo?

Amma le respondió:

Si amamos a otros y desarrollamos buenas cualidades, seremos capaces de amarnos a nosotros mismos.

Ella sugiere que, aunque no seamos capaces de amar a otros, tratemos, al menos, de no enfadarnos con ellos. Debemos tratar de no albergar odio hacia nadie, aunque esto pueda resultar difícil.

Es fácil amar a Amma, pero debemos tratar de mostrar ese mismo amor que sentimos por Ella a otras personas. Si no podemos sentir amor por alguien, normalmente no le habremos entendido. Es fácil amar a otros cuando intentamos comprender sus desafortunadas circunstancias.

Amma dice que cuando entendemos realmente y nos imbuimos adecuadamente de la verdadera esencia de la espiritualidad, la compasión, el amor y la preocupación por otros empezarán a surgir en nosotros. Sólo cuando empecemos a amar, seremos capaces de sentir y experimentar amor verdadero.

En una sesión de preguntas y respuestas con Amma, sentí que la persona que preguntaba estaba siendo ligeramente maleducada, mencionando el hecho de que Amma utilizaba un traductor y sugiriendo que Amma debería saber inglés con fluidez. Me sentía algo inquieta por la pregunta, pero Amma no se perturbó en absoluto. Nunca se perturba. La pregunta era:

Si Amma es omnisciente, ¿no debería ser capaz de entender todos los idiomas?

La respuesta de Amma fue maravillosa. Inmediatamente contestó:

La omnisciencia significa entender el conocimiento de lo que es eterno y, en ese plano de la conciencia, el lenguaje es el amor.

No hubo nada más que decir después de eso.

Mientras estábamos en España, en la gira europea de 2006, vimos a un niño con síndrome de Down que había aprendido a tocar el *tabla* en *Amritapuri*. Amma estaba contenta de verle de nuevo. Le invitó a subir al escenario durante el programa de la tarde y a tocar el *tabla* durante sus *bhajans*.

Era asombroso ver a este niño tocar cerca de Amma. Aunque muchos artistas consumados han asistido a los programas de Amma, raramente se les ha invitado a tocar con Ella; pero en dos ocasiones Amma ha invitado con cariño a este niño a acompañarla en sus *bhajans*. Casi en cada canción, Amma se volvía para sonreírle dándole ánimos. Él le devolvía la sonrisa. Durante la meditación, al final del programa, le hizo señas para que se uniera a Ella en el *peetham*. Después, Amma le hizo caminar frente a Ella atravesando la multitud hasta su silla. Aunque él no podía entender su idioma, siempre pudo comprender exactamente lo que Amma le pedía que hiciera. Con la comunicación del amor, no hace falta entender las palabras. El corazón de una madre siempre puede ser entendido por sus hijos.

Amma habla con fluidez el idioma del amor y está tratando de enseñárnoslo también a nosotros.

Con frecuencia, se nos dice que no nos enamoremos, lo que normalmente acaba siendo sólo un capricho, sino que nos convirtamos en amor. Es el amor lo que nos hace intrépidos, francos y poderosos, y completamente libres. Algunos han hecho muchas cosas increíbles en nombre del amor. Por este amor, se alcanzan y se obtienen un poder y un potencial infinitos.

En 2002, una famosa celebridad americana le preguntó al presidente sudafricano, Nelson Mandela, qué quería como regalo para su país. Él simplemente respondió:

Constrúyeme una escuela.

En unos cuantos años, una estructura multimillonaria surgió de la árida tierra de Soweto, una pequeña ciudad cerca de Johannesburgo. Se construyó una escuela para niñas desfavorecidas como un regalo de amor. Se plantaron las semillas de una nueva generación. La fundadora de la escuela había crecido en la pobreza y la opresión, y por eso quería ofrecer a la generación más joven la posibilidad de salir de aquella desgracia. Quería darles lo que

ella nunca había tenido mientras crecía, porque sabía que estas niñas serían las líderes del mundo del mañana. Su regalo de amor ha beneficiado a muchas jóvenes y le ha hecho sentir con regocijo que su vida ha completado un círculo. A menudo, le preguntan por qué nunca tuvo hijos propios. Ella responde que, al descubrir este amor desinteresado en su interior, se dio cuenta de que no necesita tener hijos propios, sino que, en lugar de eso, puede ayudar a educar a los hijos de otras personas.

Hay una historia de un hombre japonés que tuvo una impactante revelación mientras renovaba una pequeña casa. Cuando estaba derribando las paredes, encontró una lagartija con un clavo en el pie. Examinando más de cerca el clavo, el hombre pudo ver que era, probablemente, de hacía unos diez años, cuando la casa había sido inicialmente construida, ya que no se había hecho ninguna obra desde entonces. Preguntándose cómo la lagartija había podido sobrevivir durante tanto tiempo sin moverse, el hombre se sentó a mirar a la pobre lagartija. No podía imaginar cómo había conseguido arreglárselas para obtener comida durante todos esos años. Y, ¡oh sorpresa!, otra lagartija apareció con comida en la boca y se la dio a la lagartija atrapada. Asombrado, el hombre se dio cuenta de que la segunda lagartija había estado, probablemente, alimentando a su compañera durante diez años. Aquello, comprendió, era el poder del amor.

Cuando los pisos superiores del edificio del templo de *Amritapuri* estaban siendo terminados, los residentes del *ashram* participaron en una *seva* de ladrillos para ayudar a concluir los trabajos de construcción. Ayudamos a los trabajadores llevándoles todos los materiales, lo que significaba que subíamos los ladrillos y los otros materiales de construcción por varios pisos de escaleras.

Normalmente, cuando subíamos sin llevar ningún peso escaleras arriba, teníamos que parar a medio camino para coger aire, preguntándonos si encontraríamos la fuerza necesaria para llegar hasta arriba. Pero durante la *seva* de ladrillos, éramos capaces de subir por las escaleras al menos dos pesados ladrillos, una y otra vez, durante varias horas. Fue un milagro de la gracia de Amma que pudiéramos hallar la fuerza necesaria para subir este peso por las escaleras y después repetir el viaje una y otra vez. El amor da fuerzas para soportar cualquier carga.

Un mes antes de que el huracán Katrina golpeara Estados Unidos, *Mumbai* quedó devastada por las inundaciones. Antes de aquello, el tsunami había asolado las costas de la India y miles de personas habían muerto. En ambas situaciones, cientos de miles de personas se habían quedado sin hogar y necesitaban alimentos y ropa. Personas de todos los lugares abrieron sus corazones para ayudar a quienes necesitaban ayuda. Se cocinó y sirvió comida a los necesitados. Nadie pasó hambre en la India. Cada vez que ha habido un desastre en la India por inundaciones o terremotos, todos se han cuidado unos a otros.

En el estado de *Punjab*, al norte de la India, dos trenes chocaron a primeras horas de la mañana. Todo el pueblo se despertó para ayudar en el desastre. Los agricultores pusieron en marcha sus tractores y dirigieron sus faros hacia el lugar del accidente para facilitar luz a los trabajos de rescate. Los supervivientes temblaban de frío y los agricultores sacrificaron sus preciados almiares para encender enormes fuegos que calentaran a la gente.

Un templo cercano se convirtió en un hospital. El jefe de la aldea eligió a un equipo de personas para que se hicieran cargo del dinero y de los objetos valiosos de las víctimas y llevaran un inventario completo de sus pertenencias. No se perdió ni se robó ni una rupia. La aldea agrícola tenía una población de sólo unos cuantos miles de personas; pero, aún así, fueron capaces de alimentar a cincuenta mil personas cada día durante más de una semana. El amor y la compasión por los afectados fue la respuesta espontánea que superó todas las barreras de casta y creencia.

Aunque no todos podamos realizar acciones tan heroicas, podemos, al menos, tratar de realizar actos de simple bondad hacia todos los que nos rodean. Todas las acciones pueden convertirse en acciones de amor desinteresado si proceden de la inocencia y se ofrecen sinceramente sin apego ni expectativa.

Un día, un hombre muy anciano fue al *ashram* a recibir el *darshan* de Amma. Debía de tener casi noventa años. Cuando llegó donde Amma, le dijo muy serio:

Amma, si alguna vez necesitas cualquier *influencia,* simplemente dímelo, porque mi padre cocinaba en la casa de un político muy importante. Cuando haga falta, dímelo y puedo echarte una mano.

Tanto el padre de este hombre como el político debían de haber muerto años antes, dado que él mismo era tan mayor; pero era lo único que podía ofrecerle a Amma y estaba ofreciéndoselo, con mucho gusto, desde un corazón lleno de amor.

Aunque el gesto sea pequeño, todos debemos tratar de ayudar a los demás en lo que podamos. Nuestra vida es como un eco: recibimos justo lo que damos. Si damos amor, sin duda regresará a nosotros.

Capítulo 8

Milagros de la fe

*Cuando llegas al final de toda la luz que conoces
y es el momento de entrar en la oscuridad de lo
desconocido, la fe es saber que una de estas dos cosas
sucederán: o se te dará algo sólido donde colocarte,
o se te enseñará a volar.*

— Edward Teller

La fe, como el amor, es intangible. Las cualidades de la fe son indescriptibles. Aún así, son la misma base de la vida. Aunque podríamos vivir experiencias milagrosas que profundicen nuestra fe, esta no debe depender de esas experiencias.

Dios no necesita nuestra fe; somos nosotros quienes necesitamos la gracia de Dios.

Una vez, el cuñado de Amma fue a su lugar de nacimiento para ver a su madre, pero su madre no le hablaba. No sabía por qué, así que fue a visitar un templo y a rezarle a la deidad de *Devi* que estaba en el santuario del templo, diciendo:

No sé por qué mi madre no me habla. Estoy muy triste.

En ese momento, su esposa estaba visitando el *ashram* y su hijo estaba jugando con Amma. Amma le dijo al niño:

Oh, tu pobre padre, está muy triste. Está rezándole a *Devi* en el templo, porque su madre no le habla. Dile que no esté triste.

Más tarde ese día, cuando estaban de regreso en casa, el niño le dijo a su padre lo que Amma le había dicho. El padre estaba sorprendido, porque no le había hablado a nadie de su oración.

Habló de ello con su esposa, porque en aquel momento no tenía mucha fe en Amma. Su esposa le aseguró sonriendo que no era gran cosa que Amma supiera de su oración a *Devi* en el templo. Poco a poco, varias experiencias con Amma, su cuñada Divina, le llevaron a un punto donde no pudo dudar por más tiempo de su Divinidad.

Cuando Amma era una adolescente e hizo el primer "milagro", nunca quiso ningún reconocimiento. Cuando decían que había hecho algo grande realizando un milagro, Amma decía:

No podemos crear lo que no está ya ahí.

Amma dice que el verdadero milagro es la transformación de la mente. Lograr la paz mental: ese es el verdadero milagro.

Para reforzar nuestra fe, Amma puede satisfacer nuestros deseos. Son incontables los ejemplos en los que los deseos de la gente se han cumplido; pero Amma quiere que vayamos más allá del estado de ansia sin sentido. Siempre pone el énfasis en enseñarnos lecciones espirituales.

Una masajista que vivía en *Amritapuri* había abandonado recientemente su profesión antes de conocer a Amma. Se sentía demasiado abrumada por la magnitud del dolor de todos, que ella sabía se extendía mucho más profundamente que el meramente físico. Pensaba que mientras no pudiera dar amor puro, no podía realmente ayudar a nadie dando masajes. Sabía que Amma era la única que podía infundirle la profundidad del amor inmaculado que había estado buscando toda su vida.

Cuando conoció a Amma, inmediatamente había querido servirla dándole un masaje. Un día, durante el desayuno, oyó a dos personas hablando de darle un masaje a Amma. Les preguntó si pensaban que sería posible que alguna vez ella pudiera dárselo. Negaron con la cabeza y le dijeron que no era posible. Una mujer bromeó diciendo que, en cualquier caso, debería preguntarle, pero que Amma diría probablemente algo como: "Sí, un día te llamaré". La mujer se entristeció, pensando que era demasiado impura para servir a Amma de esta manera.

Una semana más tarde, se representaba una obra de Navidad en el auditorio del *ashram*. Amma estaba sentada en una silla, rodeada de residentes del *ashram*, viendo la obra. La joven se dio cuenta de que Amma se frotaba un poco el cuello, como si sintiera dolor, y pensó que quizás fuera la ocasión perfecta para darle un masaje. La masajista dentro de ella no podía soportar ver a Amma con dolor, sabiendo que podía hacer algo para aliviarlo.

Le pidió a Amma que, por favor, le dejara hacer una ofrenda y le permitiese aliviar su dolor. Pidió alguna señal que le indicara que debía intentar acercarse a Ella para darle un masaje. Pidió para sus adentros que Amma volviera la cabeza hacia la derecha si quería que fuera.

Amma inmediatamente volvió la cabeza hacia la derecha. Sintiendo una ligera agitación, una vez más rezó: *"Oh, Amma, lo siento, pero no sé si eso era una mera coincidencia. Realmente quiero acercarme y ofrecerte mi única habilidad, pero no estoy segura de si debería quedar en ridículo saliendo de esta gran multitud. Por eso, por favor, dame otra señal. Por favor, simplemente mueve la cabeza hacia la derecha de nuevo".* Amma instantáneamente volvió la cabeza de nuevo hacia la derecha.

La joven se puso ahora muy nerviosa y no podía creer que aquello estuviera realmente sucediendo. Empezó a dudar de sí misma y temió la humillación pública si estaba equivocada. Pensó: *"¿Por qué no se me ocurrió una señal más obvia, más fuera de lo común? Vale, me acercaré a Amma, pero sólo necesito una señal más clara. Por favor, por favor, levanta el brazo derecho".* De inmediato, *Amma levantó exageradamente el brazo derecho, muy alto en el aire, para ajustarse la manga.*

Ahora ya no tenía ninguna duda en absoluto: tenía sencillamente que ir adonde Amma. A pesar de su miedo, se levantó y se abrió camino entre la multitud. Todos la miraban extrañados, preguntándose por qué caminaba hacia Amma. Cuando llegó hasta Ella, estaba muy nerviosa. Amma pareció un poco sorprendida por su repentina presencia. Se sintió tontísima, pero aún así sonrió y le preguntó:

Amma, ¿quieres que te de un masaje en los hombros?

Amma se puso a hablar en voz alta en *malayalam*. La mujer supuso que Amma probablemente le estuviera diciendo: "¡De ninguna manera!" Entonces se volvió y empezó a marcharse.

Con una gran sonrisa, Amma le cogió la barbilla, la acercó a Ella y la besó en la mejilla. La joven interpretó: "Pero gracias de todas formas".

Cuando se volvió para abrirse camino entre la multitud, todas las *brahmacharinis* que estaban sentadas cerca de Amma dijeron con entusiasmo:

¡Ha dicho que sí! ¡Ha dicho que sí!

La empujaron para que se colocase detrás de la silla de Amma y la masajearla. Se situó detrás de Amma, pero sus normalmente competentes manos se pararon en seco sobre los hombros de Amma. Rezó para sus adentros: *"Oh Dios mío, la Diosa del Universo me está dejando que le dé un masaje. ¿Cómo puede ser? No sé qué hacer. Oh, gran Diosa, ¿cómo quieres que te dé el masaje?"* En ese momento, Amma se dio la vuelta riendo y dijo:

¡Aprieta!

Y la joven comenzó a presionar los hombros de Amma. Estuvo allí durante todo el tiempo que duró la representación y le masajeó a Amma hasta que se sintió a gusto.

Más tarde, cuando alguien se acercó para hablar con Amma, se distrajo. En ese momento, Amma súbitamente se dio la vuelta y le dijo que regresara a su sitio de nuevo. Se sentó cerca, sintiéndose un poco triste por haber perdido la concentración, pero contenta de haber cumplido su deseo. Se dio cuenta de que para ella era una enseñanza valiosa la de que hay que permanecer concentrado en el objetivo.

Nadie podía creer que Amma le hubiese dejado a esta recién llegada darle un masaje, especialmente durante tanto tiempo. Pero ella sabía que Amma había respondido a sus oraciones con compasión, con esta excepcional bendición, para ayudarle a seguir sirviendo a otros sin dejar que su talento se desperdiciara.

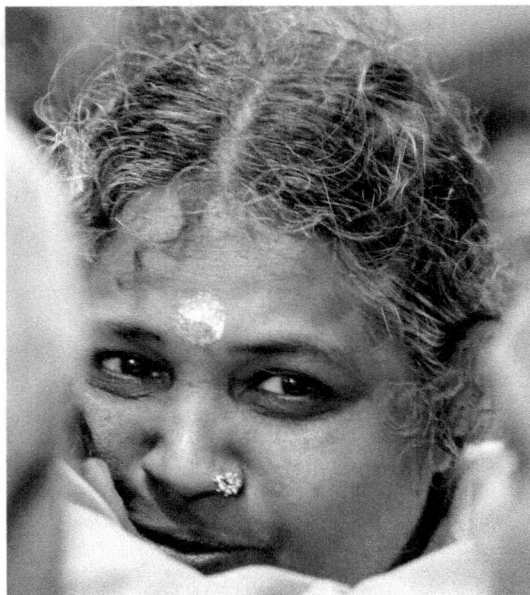

Algunas semanas más tarde, Amma le dijo que la única forma de lograr la pureza era por medio del servicio y que, aunque sus intenciones pudieran no ser todavía completamente desinteresadas, debía simplemente seguir sirviendo, y así el ego se reduciría gradualmente. Esta joven da masajes de nuevo y dedica su vida a intentar convertirse en un instrumento del amor puro sirviendo a otros.

Nuestra fe aumenta cuando nos damos cuenta de que Amma escucha realmente los deseos de nuestros corazones.

Una joven de Australia sentía un poco de miedo antes de una operación para sacarle una muela del juicio. Su madre trataba de confortarla, insistiendo en que Amma estaría con ella durante toda la operación. Su madre le dijo que debía visualizar a Amma como al médico divino que estaba realizando la operación. Gustándole la idea, la chica cantó para sí misma "My Sweet Lord" mientras le ponían la anestesia. Todavía tenía las palabras en la mente cuando se quedó inconsciente, pensando tranquilamente en Amma.

Cuando se despertó después de la operación, oyó la melodía de "*My Sweet Lord*". Fue una verdadera impresión para ella. Al principio pensó que debía de estar soñando, pero se dio cuenta de que estaba despierta. Miró a su alrededor, sorprendida, y pensó que debía de estar alucinando. Preguntó al personal y descubrió el origen de la canción: estaba sonado en la radio. Con gran placer, se dio cuenta de que Amma debía de haber estado con ella realmente todo el tiempo y que estaba cuidando de ella.

La hermana de una devota se encontraba en la unidad de cuidados intensivos del hospital después de una operación. Una niñita la visitaba todos los días. La niña era muy dulce y su presencia llenaba a la mujer de una alegría que le dio energía para recuperarse rápidamente. La niña le acariciaba la frente y la tapaba con la sábana cuando lo necesitaba. La mujer supuso que la pequeña era la hija de una de las enfermeras o de otro paciente. Le preguntó su nombre y de dónde venía, pero la niña no contestaba. La visitó durante varios días, hasta que la mujer abandonó la unidad de cuidados intensivos.

Cuando salía del hospital, la mujer les habló a su hermano y a las enfermeras sobre esta maravillosa niña que le había ayudado a recuperarse. Las enfermeras respondieron que no se permiten niños en cuidados intensivos y que no era posible que hubiera habido una niña allí. Concluyeron que la mujer debía de haber alucinado. El hermano de la mujer se acercó a Amma durante el *darshan* y le contó la historia. Amma se volvió hacia los demás presentes en el estrado e inocentemente, con una mirada de asombro, preguntó:

¿Quién puede haber sido aquella niñita?

Un hombre de *Kodungallur* contó la historia de su primera experiencia al conocer a Amma. Le habían diagnosticado una hepatitis que había contraído años antes en una transfusión de sangre. Había probado varios tratamientos, pero nada había funcionado y, entonces, decidió buscar la ayuda de Amma.

Cuando fue al *darshan*, le preguntó a Amma si Ella podía ayudarle. Ella le dijo que consiguiera un poco de *tulasi* de *Krishna* y que se lo llevara. Cuando le llevó el *tulasi* a Amma, Ella lo exprimió con las manos y sacó un jugo de él. El hombre se bebió el jugo y se curó rápidamente de la hepatitis.

La fe que Amma inspira en nosotros puede ayudarnos a superar obstáculos que podrían parecer, de otro modo, insuperables.

Había una señora que emprendió su camino para asistir al programa de tarde de Amma, pero decidió detenerse antes de llegar para beber algo. Una cosa le llevó a la otra y terminó bastante ebria. Sintiendo que realmente había perdido la oportunidad de estar con Amma, viajó hasta el lugar del programa. Cuando llegó, descubrió que las puertas del edificio estaban cerradas y que el programa había concluido mucho antes.

Sin estar del todo en sus cabales, decidió entrar en el edificio. Una vez dentro, fue hasta la parte delantera de la sala, se sentó en el *peetham* de Amma y lloró con tristeza y pesar por haber sido tan estúpida de haber desperdiciado el tiempo bebiendo. Sintió que, simplemente, era una perdedora. Acabó en el suelo llorando, en el mismo lugar donde habían estado los pies de Amma.

Al día siguiente, fue de nuevo al lugar del programa para el *darshan* de Amma y, con remordimiento, le confesó lo que había hecho la noche anterior. Amma se mostró sumamente dulce y acogedora con ella. La simpatía de Amma la abrumó y decidió que no podía fallarle nunca más. Había visto a Amma en varias ocasiones y le había contado su problema con el alcohol, pero Amma siempre la consolaba con compasión y con un profundo amor, sin reprenderla nunca. Por la gracia de Amma, la mujer dejó de beber a partir de aquel día.

Había una familia que visitaba el *ashram* de la India todos los años en vacaciones. Su hijo, de unos ocho años, tenía el problema de que mojaba la cama, lo que le daba muchísima vergüenza. Para sus padres era molesto tener que cambiarle las sábanas constantemente y, a menudo, se burlaban de él. Un año, cuando el niño vino a visitar a Amma al *ashram*, estaba tan disgustado por su problema que insistió en ver a Amma en su habitación. Le dijo que se fuera a la asistente personal de Amma para poder confiarle a Ella, en privado, su problema. Tan pronto como se quedó a solas con Amma, le cogió la mano y comenzó a llevarla hasta sus partes íntimas, pidiéndole que, por favor, lo bendijera para no mojar más la cama. Amma dio un salto de sorpresa y les pidió a los demás que se encontraban en la habitación que se acercaran. Rió y rió, contando el incidente a los demás, comentando la absoluta inocencia y fe del pequeño.

Al día siguiente, en el *darshan*, Amma les contó la historia a todos. Al niño no le importó, porque a partir de aquel día estaba completamente curado de su problema de mojar la cama y nunca volvió a tenerlo. Todavía recordamos este incidente con el niño que ahora tiene unos cuantos años más y se puede reír con todos los demás.

Cuando nos acercamos al *Guru* con inocencia, sinceridad y apertura, recibiremos algunas instrucciones que nos guiarán por el camino correcto, aunque cometamos algún error a lo largo del mismo. Esta actitud de inocencia también nos ayuda a lograr una profunda paz y satisfacción en nuestras vidas.

La gente se acerca, habitualmente, al *Guru* con muchas nociones preconcebidas. Es difícil no tener ciertas expectativas, porque tendemos a juzgar al *Guru* de forma intelectual; pero la esfera de existencia del *Guru* está mucho más allá de cualquier cosa que podamos realmente comprender con el intelecto. La fe, junto a la entrega y a una apertura como la de los niños, nos permitirá lograr una comprensión más profunda.

Abraham Lincoln es un ejemplo de alguien que tenía perseverancia y una inmensa fe. Perdió las elecciones con frecuencia, pero nunca perdió la esperanza. Concurrió a las elecciones una y otra vez y, finalmente, se convirtió en presidente de los Estados Unidos. Debido a su determinación, fe y duro trabajo, toda la nación se benefició de su servicio. Aunque era un perdedor sistemático, se convirtió en un tremendo ganador. Para él, el fracaso representaba, simplemente, otra oportunidad oculta para progresar.

Algunos pierden la devoción cuando se encuentran en dificultades. Esa clase de fe no procede de la devoción, sino que se basa en algún tipo de expectativa. La verdadera fe tiene que ser firme e inquebrantable. Sólo con esta clase de fe podemos crecer espiritualmente.

Había un aldeano que vivía cerca del *ashram* de Amma en la India. Tenía un pequeño negocio que prosperaba con la llegada de visitantes al *ahsram*. Estaba muy agradecido a Amma por este repentino éxito y se sentía devoto de Ella por esta razón. Entonces, inesperadamente, tuvo algunos problemas y, por ellos, perdió tanto el negocio como su familia. Por esta tragedia, también perdió la devoción.

Cuando tenemos una fe firme, esta no puede flaquear. Nuestra fe nos ayuda a afrontar los tiempos difíciles, así como

los momentos en los que todo marcha bien. Si nuestra fe puede flaquear, entonces no era verdadera fe después de todo.

Amma insiste con frecuencia en que hagamos el esfuerzo y que, entonces, la gracia sin duda, llegará. Ésta fue, ciertamente, la experiencia de una chica sudamericana. A los nueve años, le diagnosticaron una enfermedad ocular congénita. Los médicos le habían dicho que podía perder totalmente la visión a los dieciocho años y ella se inquietaba, a menudo, por lo que sería de su vida si se quedaba ciega. Cuando tenía quince años, conoció a Amma y le contó su problema de la vista. Amma le dijo que no se preocupara más, que Ella la iba a cuidar.

Cuando la chica acabó la escuela, no estaba segura de lo que quería hacer y le pidió consejo a Amma sobre la carrera que debía estudiar. Amma le sugirió que intentara hacer medicina. Esto la sorprendió enormemente, ya que nunca se había considerado lo suficientemente lista como para estudiar ese tipo de carrera. A lo largo de su vida, sólo había utilizado remedios de naturopatía y, de esta forma, la idea entera le resultaba bastante abrumadora. Pero Amma insistió en que, simplemente, debía intentarlo, y así, con una fe total, se inscribió en la facultad de medicina de AIMS, en la India.

A veces se encontraba con grandes obstáculos, especialmente por la cantidad de estudio que se esperaba de ella y por su débil visión. También lo encontró difícil porque había aprendido inglés sólo unos cuantos años antes y no era capaz de comunicarse adecuadamente con sus profesores o con los demás estudiantes.

Había veces en las que los profesores la reprendían frente a sus compañeros de clase, insistiendo en que era disparatado que tratase de realizar unos estudios tan difíciles. Era realmente duro incluso para los brillantes jóvenes que podían entender el idioma local. Los profesores le preguntaban cómo podía atreverse a suponer que iba a ser capaz de mantener el ritmo de los demás estudiantes, teniendo en cuenta todas sus dificultades. Insistían en que debía cambiarse a enfermería u odontología, a algo más fácil.

Sintiéndose sumamente desalentada, acudió a Amma para pedirle permiso para dejar la facultad de medicina. Pero Amma la miró y le dijo:

Amma quiere que te quedes. Tienes que intentarlo. Cuando Amma te dijo que estudiaras, tenía un propósito en mente, así que debes quedarte. Si realmente lo intentas, podrás lograrlo.

Esto sucedió hace unos pocos años. Las meras palabras de aliento de Amma le dieron la fuerza para perseverar a pesar de todas las dificultades. Después de aprobar con buenas notas, hasta sus profesores adquirieron fe en Amma.

Algunas veces, cuando un *Mahatma* nos dice algo, podemos no entender por completo el significado exacto de sus palabras. Pero si tenemos un corazón y una mente abiertos, la comprensión correcta se nos acabará revelando.

Uno de los residentes del *ashram* dijo a los demás que se suponía que tenía que hacer un viaje al extranjero, a su lugar de nacimiento. Acudió a Amma para decirle que se marchaba. Amma dijo:

No, ahora no te vas.

Llevaba a alguien para ayudarle con la traducción y juntos trataron de explicarle a Amma que no estaban preguntando si debía ir, sino que, simplemente, le estaban informando de que se iba. Amma dijo, de nuevo:

No, no te vas.

El hombre estaba asombrado. Como no quería discutir con Amma, se quedó muy confuso. Un poco después, descubrió que no podía conseguir el vuelo en la fecha en la que tenía intención de marcharse y que había otros problemas con el billete sobre los que no sabía nada; pero Amma, a su propia manera divina, lo sabía todo.

Cuando visitamos la ciudad de *Indore*, durante la gira del norte de la India, en 2006, nos aguardaban muchas sorpresas. Enormes masas de gente se negaban a ser controladas; pero, en medio del caos, hubo muchas historias maravillosas de personas cuyas vidas cambiaron drásticamente. Por ejemplo, escuché la historia de una mujer que había estado en coma durante tres meses. La trajeron en una camilla al *darshan* de la tarde de Amma. Dos días después de recibir el *darshan*, salió del coma y volvió a la normalidad.

La mujer que había ayudado a traer a todos los pacientes discapacitados al *darshan* de Amma me contó su propia historia. Era madre soltera y había criado a tres hijos ella sola. Cuando sus hijos oyeron hablar por primera vez de Amma, un mes antes del programa, empezaron a enamorarse de Ella. Durante todo el mes, los niños no querían escuchar música de la radio o del cine, como hacían normalmente. De la mañana a la noche, sólo ponían los *bhajans* en *hindi* de Amma, una y otra vez.

Como querían ayudar con los trabajos previos a la gira, sus hijos caminaron kilómetros y kilómetros por toda la ciudad pegando carteles que anunciaban la llegada de Amma y entregando folletos con información sobre el programa. Habían visitado instituciones para personas discapacitadas para invitarlas al programa. La niña, que tenía catorce años, y su hermano de diez organizaron reuniones en su casa para ayudar a coordinar el transporte de estas personas al programa. Todos esperaban entusiasmados la visita de Amma.

En la noche del programa, su hermana pequeña se puso una colorida *sari* y una corona. También llevaba la bandera de la India. Representaba a *Bharat Mata* (la Madre India) y precedía a Amma para darle la bienvenida en el corto paseo hacia el escenario. Sin embargo, a causa de los frenéticos empujones de la multitud, la niña se asustó mucho mientras caminábamos hacia el escenario y finalmente se sentó. A continuación se produjo un caos total cuando el escenario se llenó de personas agresivas e incontrolables que no se movían del área. Pero incluso peor era el área cercana al escenario donde se apiñaba una masa agitada de personas.

Bharat Mata se quedó en el suelo justo delante al escenario en un estado catatónico. Amma la agarró y, rápidamente, la subió al escenario. Aunque estaba totalmente lleno, la gente hizo espacio para que la asustada niña se sentara cerca de nosotros. Estaba todavía en estado de shock y las lágrimas comenzaron a rodar suavemente por sus mejillas.

A medida que la noche avanzaba, la multitud pasó del caos completo y absoluto a un caos ligeramente controlado. *Bharat Mata* permaneció en el escenario toda la noche. Más tarde, cuando tuve la posibilidad de hablar con ella, me dijo que se sentía tan feliz de estar aquí con Amma que, aunque se había asustado por la multitud, había deseado recibir el *darshan* de Amma y tener la oportunidad de sentarse junto a Ella durante tanto tiempo. Eso fue exactamente lo que había pedido en sus oraciones y sus deseos se habían cumplido.

Si tenemos deseos inocentes, Dios los hará, sin duda, realidad algún día. Un visitante del norte de la India vino al *ashram* para quedarse durante unos días. No había *darshan* público previsto el día en que llegó y, por tanto, decidió pasar la jornada ayudando en la cocina. Tenía un fuerte deseo de recibir el *darshan* de Amma y rezó, sinceramente, para que ocurriera algún milagro que le permitiera hacerlo. Decidió ayunar durante el día hasta poder ver a Amma. Después de trabajar durante muchas horas, se duchó y se cambió de ropa y, después, regresó para esperar cerca de la cocina en caso de que necesitaran más ayuda.

De repente, unas cuantas personas trajeron algunas sillas para subirlas hasta la casa de Amma para una reunión con invitados importantes y con alguien de la prensa. El hombre se ofreció a llevar las sillas. Cuando llegó a lo alto de las escaleras y colocó las sillas dentro de la habitación, la puerta se cerró detrás de él rápidamente y se encontró encerrado en la habitación con tan sólo unas cuantas personas y Amma. Estaba asombrado, pero sumamente feliz y se sentó en silencio en una esquina.

Amma habló con varios de los invitados y después el periodista tenía algunas preguntas para Ella. Una de las preguntas era sobre los milagros. Amma habló con los invitados durante largo tiempo y les dio *darshan* antes de marcharse. Sólo quedaba un hombre en la habitación. Amma le llamó y le preguntó de dónde era. Le dijo que era de *Pune* y que había estado trabajando en la cocina todo el día. Simplemente había subido las sillas y las puertas se habían cerrado detrás de él, dejándole en la habitación. Confesó que había sentido un profundo deseo de recibir el *darshan* de Amma, aunque sabía que no era día de *darshan*. Amma había respondido, claramente, a sus plegarias.

No pudimos evitar reírnos: aquel fue un milagro que el periodista acababa de perderse. Habíamos pensado que este hombre era uno de los invitados importantes. Con toda honestidad, acabó siendo el invitado más importante del día, ya que había estado trabajando tan duro en la cocina. Con su duro trabajo, fe y deseo inocente, se había ganado su *darshan* y una manzana de Amma para terminar el ayuno.

Una mujer australiana me contó su ardiente deseo de poder adorar los pies de Amma. No quería molestar a Amma pidiéndoselo, pero aún así no podía olvidar su ansia. Cuando Amma estaba en Australia, más tarde ese mismo año, bajó hasta la orilla del mar con un grupo de personas. Esta mujer se encontró junto a Amma dentro del agua que le llegaba a los tobillos. Era una ocasión excepcional poder estar junto a Amma con tanta poca gente alrededor. Dándose cuenta de que la Madre Naturaleza estaba respondiendo a sus plegarias, esta mujer se arrodilló y, con un corazón lleno de devoción, vertió con delicadeza unos cuantos puñados de agua del mar sobre los pies de Amma. Finalmente, sus plegarias habían sido respondidas y el deseo que había albergado durante tanto tiempo se había cumplido.

Amma responde a todas las oraciones de un corazón inocente, ¡incluso las del suyo propio! Durante la visita anual de Amma a Calcuta, las noches son muy largas. Una de esas noches, Amma acabó el programa de *darshan* y regresó a su habitación a primeras horas de la mañana. No había comido mucho durante los días anteriores y su asistente pensó en guardarle algo especial para que Amma comiera: un *unniappam*. Después de comerse el *unniappam*, Amma dijo que quería otro. Su asistente le dijo concluyentemente que no había más, que sólo había tenido el cuidado de apartar uno. Convirtiéndose en una chiquilla, Amma insistió en que la asistente no decía la verdad, porque Ella *sabía* que había más. La asistente insistió en que decía la verdad: realmente no quedaban más, ni uno. Amma insistió de nuevo en que no era verdad y salió de la habitación hacia el área contigua de la cocina para buscar otro.

Yo estaba en una esquina de la cocina y vi la silueta de Amma cuando entró. Apenas pude distinguirla en la cocina, ya que la luz no estaba encendida y estaba bastante oscuro. La asistente seguía a Amma, diciendo todavía:

De verdad, Amma, no hay más.

Amma entró en la cocina, fue directa hacia la mesa y estiró la mano en la oscuridad. Encontró un *unniappam* entre montones de utensilios y un gran número de cosas que había sobre la mesa. Fue directa hacia él en la oscuridad diciendo:

¡Ahí estás!

Amma se marchó caminando muy contenta. Su asistente y yo estábamos ambas asombradas de que Amma hubiera podido encontrar lo que estaba buscando en la oscuridad y entre una miríada de objetos que había sobre la mesa. Su asistente tuvo que comerse sus palabras mientras Amma se comía su segundo *unniappam*. Fue otra muestra simple y práctica de los poderes milagrosos de Amma.

Capítulo 9

Torrente de gracia

Algunas veces, me compadezco de mi misma, y,
mientras tanto, bellas nubes me llevan por el cielo.

— Dicho indio americano

Amma ha dicho que los seres humanos pueden crecer; pueden crecer y convertirse en Dios. Tenemos la capacidad, en esta vida, de lograr lo Supremo. Sin embargo, también debemos recordar que todo puede perderse en un momento. Igual que una sombra, la muerte camina siempre detrás de nosotros. Como un huésped sin invitación, la muerte puede entrar de puntillas y llevárselo todo. Por eso Amma dice que debemos prepararnos para recibir la muerte en cualquier momento, y hacerlo con una sonrisa.

En un día de *darshan* en la India, repleto de gente, la abuela de una joven, que usaba un bastón, fue hasta Amma para recibir *darshan*. Le dijo que quería dejar el cuerpo. Amma le contestó:

¿No te echará de menos tu familia?

No, Amma, por favor, déjame ir.

Amma accedió, a regañadientes, y quince minutos después del *darshan* la anciana se cayó cerca del ascensor y murió. Aunque la muerte se considera, normalmente, un acontecimiento triste, todos se sintieron muy felices por ella, porque había recibido la bendición de Amma y obtenido la gracia de marcharse tan rápidamente y sin dolor. Su sincero deseo se había cumplido.

Amma permite que unos se vayan y otros se queden. Una nueva residente del *ashram* de *Amritapuri* había sido enfermera en Estados Unidos. En su primer viaje al *ashram* de Amma en India, viajó con la gira a *Calicut*, en el norte de *Kerala*, para unos cuantos días de programas muy intensos. Esta mujer estaba encantada de estar de gira con Amma por primera vez. Siempre había soñado en cómo sería viajar con Amma en India.

Durante un programa, Amma pidió a todos los occidentales que se sentaran en el escenario. A causa de su artritis reumatoide, esta mujer necesitaba sentarse en una silla. No quería bloquear a nadie la visión de Amma y se sentó cerca del borde del escenario. Después de una hora centrada tranquilamente en Amma, de repente, sintió que su silla se caía hacia atrás y hacia abajo.

Mientras se caía del escenario, tuvo la poderosa intuición de que su cuerpo iba a morir. Cayó directamente de cabeza. Hubo un destello de luz brillante y, después, todo se volvió oscuro.

Lo siguiente que pudo recordar fue a los médicos de la gira inclinados sobre ella haciéndole preguntas, pero no podía emitir ninguna palabra para responderles. Mientras la examinaban, uno de los doctores descubrió signos de una grave inflamación en el cerebro. Otro médico informó que no tenía reflejos y que su cuerpo no reaccionaba. No podía sentir su cuerpo en absoluto y el único sentido que tenía intacto era la audición, porque podía escuchar todo lo que sucedía a su alrededor. En su corazón estaba llamando a Amma. Todo lo que recuerda que pensaba era: *"Amma, acabo de llegar. Por favor, déjame estar contigo, no me dejes ir ahora"*. La gente dijo que las únicas palabras que salían de su boca, una y otra vez, eran: "Amma, Amma, Amma".

De repente, sintió que dejaba el cuerpo y que flotaba hacia arriba, pero podía ver que todavía estaba atada al cuerpo por un cordón. Estaba arriba, en el aire, escuchando los gritos de la gente abajo, pero apenas los oía. Se sentía a kilómetros de distancia y sabía que se estaba muriendo. La pusieron en una camilla y la llevaron a Amma. Amma se inclinó mucho para que la mujer pudiera verle la cara. Le puso las manos en el pecho y le preguntó cómo se sentía. Tocó la parte de atrás de la cabeza de la devota. Todo el tiempo, Amma se mostraba muy preocupada. Puso la mano en la cabeza de la mujer y sus ojos se cerraron automáticamente. La mujer sintió que estaba en un lugar profundamente tranquilo, lleno de luz dorada, durante lo que le pareció un rato notablemente largo. Entonces Amma retiró la mano. Los ojos de la mujer se abrieron y había regresado a su cuerpo. Amma comenzó a besarle la cara y las manos. Después de unos cuantos besos, Amma le preguntó:

¿Vale? ¿Más?

Y empezó a besarla de nuevo.

Sentía que Amma era como un médico evaluando la salud de su paciente y ayudándola a ser capaz de interactuar de nuevo con el mundo. Después, Amma dijo:

¡Escáner, escáner, rápido, rápido!

Y se la llevaron al hospital. El TAC mostró una grave inflamación entre el cráneo y el cuello cabelludo, así como una hemorragia en el cráneo. Los médicos le dijeron que era un milagro, porque una inflamación tan grave fuera del cerebro estaba casi siempre asociaba con una lesión cerebral fatal.

Mientras se encontraba en la sala de emergencia, empezó de nuevo a funcionar normalmente y fue capaz de caminar y mover las manos. Regresó al *ashram* de *Amritapuri* y le dijeron que permaneciera tumbada sobre la espalda durante tres semanas. Iba a ver frecuentemente a Amma para recibir *darshan* y Amma practicaba su propio tipo de examen médico, insistiendo en que descansara y llevara un collarín cuando no lo hiciera. Después de tres semanas, Amma le preguntó si sentía dolor en alguna parte. En ese momento, se dio cuenta de que su dolor de artritis crónica había desaparecido completamente. Amma sonrió burlona y le dijo:

Quizás collarín fuera en unos días, veremos.

Amma le dejó quitarse el collarín una semana después. Los médicos pensaron que la recuperación había sido un acto de gracia y la mujer *está segura de* que fue sólo la gracia de Amma lo que la mantuvo viva.

Hay innumerables historias de las oportunas intervenciones de Amma para proteger a sus hijos de peligros importantes. Una devota de *Sri Lanka* que ayudaba durante la gira de Australia en 2006 fue invitada a hacer guirnaldas de flores para Amma para el programa de Perth. Trabajó duramente durante tres días, privándose algunas veces de dormir. Como recompensa por su duro trabajo, la invitaron a ponerle una guirnalda a Amma en el aeropuerto, ya que Amma partía para el siguiente programa de la gira. La mujer aceptó el ofrecimiento muy contenta. En el aeropuerto, le puso una guirnalda a Amma. Para sorpresa de la mujer, Amma se quitó la guirnalda al poco tiempo y se la devolvió, lo que era inusual. Inmediatamente después de que esto sucediera, Amma cogió a la hija de la mujer de entre el grupo de niños que la esperaban y se puso a caminar junto a la madre y la hija. Después, en el camino, sacó a la abuela de la niña de la multitud y caminó con las tres. Un poco más adelante, se detuvo y llamó al marido de la mujer y, entonces, les dio a los cuatro un cariñoso abrazo. Todo el mundo estaba sorprendido de que Amma hubiera encontrado a los miembros de la familia en diferentes lugares y los hubiera reunido para darles un abrazo, aunque no habían ido juntos antes a recibir el *darshan* de Amma.

Unos meses más tarde, el marido de la mujer tuvo un accidente mientras trabajaba en una mina. Estuvo enterrado vivo en una zanja durante al menos siete minutos, y se encontraba inconsciente cuando lo sacaron y lo llevaron en ambulancia al hospital. Tenía casi todas las costillas y también los omoplatos rotos y, por ello, le pusieron en coma inducido durante varias semanas. Los médicos no estaban seguros de que sobreviviera. Incluso si lo hacía, les preocupaba que pudiera quedar permanentemente incapacitado.

Toda la ciudad ofreció oraciones especiales para su recuperación. Para sorpresa de todos, salió de peligro muy rápidamente. Sus progresos eran un misterio para los médicos. Meses más tarde, la familia se dio cuenta de que Amma los había escogido para una bendición colectiva infrecuente y especial.

Cuando el hombre se recuperó totalmente, el periódico local mostró interés por su historia. Les dijo que creía que había sido salvado por el *sankalpa* de Amma. Sentía que Ella había sabido lo del accidente, incluso antes de que ocurriera. Entendió que su *darshan* conjunto había sido realmente una bendición de Amma que le salvó la vida. Él y su familia están eternamente agradecidos a Amma por devolverle la vida y reunirles.

Una mujer europea que ha vivido en el *ashram* durante mucho tiempo me confió que siempre le preocupaba no tener el dinero suficiente para poder vivir con Amma en la India. No quería regresar a su país para ganar dinero; sólo quería quedarse en el *ashram* y servir a Amma. No le dijo esto a nadie más, pero, en secreto, rezaba a Dios para que buscara alguna solución para ella. Se preguntaba si Dios podía escuchar sus plegarias.

Amma, la llamó un día por propia iniciativa y le dijo que se quedara en el *ashram* aunque no tuviera dinero. Su actitud de entrega hizo que sus silenciosas oraciones recibieran respuesta.

Una devota de *Bangalore* se recuperaba de una importante operación. A causa de ello, no podía sentarse en el suelo. Durante la visita de Amma a *Bangalore*, fue al programa y, a última hora de la tarde, decidió ir al comedor para cenar. Había visto previamente que sólo había una silla en todo el comedor y, por eso, le preocupaba que le resultase difícil comer estando de pie. Entró en el comedor y se sorprendió mucho al descubrir que la única silla no estaba siendo utilizada, aunque la zona estuviera llena de gente. La devota sintió que Amma estaba con ella, guiándola y protegiéndola, incluso con este pequeño gesto, llevándola de la mano en el camino de la recuperación.

Cuando hacemos un esfuerzo sincero con un corazón inocente, nos llega un flujo de gracia, sin duda. Una de las jóvenes estudiantes que viven en el *ashram* me dijo que había terminado dos trabajos de su curso universitario durante la gira mientras trabajaba a tiempo completo en la tienda. Había estudiado en su tiempo libre en las condiciones más disparatadas -en un armario, bajo la mesa, etc.- y siempre con muchas distracciones. Más tarde, le sorprendió saber que por esos dos trabajos había recibido las notas más altas. Sintió que era una muestra tangible de que el flujo de gracia simplemente llega hasta nosotros cuando nos esforzamos.

Una de las *brahmacharinis* que da clases en la Universidad *Amrita* dice que, si siente alguna vez que sabe algo del tema que está a punto de enseñar, la clase nunca sale bien. Sin embargo, cuando se da cuenta de que en realidad no sabe nada, entonces la gracia de Amma aparece para llenar todas las lagunas y logra dar la clase.

La actitud de "yo" y "lo mío" es el mayor obstáculo para obtener la gracia de Dios. Cuando somos capaces de dejar nuestra actitud de presunción, pueden suceder milagros maravillosos. Amma es el mejor ejemplo de lo que sucede cuando uno se vuelve realmente desinteresado. Todas sus acciones están empapadas de divinidad. Es una personificación del amor y la compasión.

Había un niño pequeño que solía venir a casa desde el jardín de infancia todos los días con una flor que ponía en el altar frente a la imagen de Amma. Un día, trajo una flor realmente sucia y su madre le dijo que no la pusiera en el altar. Él dijo que a Amma le gustaría igualmente, de cualquier modo, tanto si estaba sucia como si no. Su madre no tuvo respuesta, así que simplemente se quedó callada.

Más tarde ese año, Amma estaba realizando su visita anual a *Mumbai* y el niño estaba preparándose para ir a verla. Le dijo a su madre que Amma le daría todas las flores que le había ofrecido.

¿Es ésa la razón por la que las pones? le preguntó su madre.

¡No!

Cuando fueron a ver a Amma para el *darshan*, se quedó frente a Ella con la mano extendida. Amma cogió un gran puñado de flores y se las echó por la cabeza. Todavía tenía la mano extendida hacia Amma y Ella cogió algunas flores más, se las puso en la mano y la cerró sobre ellas para que no se cayesen. Entonces le dijo:

¡Ahí las tienes! ¿Está ahora saldada la cuenta?

Él miró hacia atrás y le sonrió a su madre como diciendo: ¿Ves? ¡Te lo dije!

Amma dice que siente el mismo afecto por todos, pero que, algunas veces, el amor y la devoción inocente de la gente atraen sus pensamientos hacia ellos. Cuando su mente es simplemente atraída hacia alguien, cuando lo recuerda una y otra vez, Amma siente que esto es la gracia.

Sucedió algo en que realmente vi a Amma en este estado, en que sentí que, sin duda, su gracia estaba fluyendo. Fue después de un programa de tres días en *Trivandrum*. Amma apenas había descansado durante este tiempo: algunos días sólo tenía un descanso de una hora entre los programas de la mañana y la tarde.

Después del último programa de la tarde, había previstas cuatro visitas a casas. Ya era media mañana y, sin haber dormido, nos pusimos en marcha hacia las casas. Justo antes de la última visita, Amma mencionó lo sumamente cansada que estaba, pero no había nada que pudiera hacerse, ya que había prometido visitar una casa más.

De camino a la última casa, vimos a un anciano sentado con otros devotos junto a la carretera. Iban a conducir el coche guía hasta su casa. La cara de Amma se iluminó cuando vio que era alguien que llevaba muchos, muchos años siendo devoto. Cuando llegamos, los hombres corrieron a subirse en su coche. Unos segundos después, salieron del coche y empezaron a empujarlo por la carretera para intentar hacerlo arrancar. Nos reímos de la graciosa escena, que fue el preámbulo de nuestra más memorable visita a una casa.

Alcanzamos finalmente nuestro destino y nos impresionó la enorme cantidad de personas que esperaban la llegada de Amma. Era un barrio muy pobre, pero lleno de personas que eran muy devotas de Amma. Nos abrimos paso entre la multitud, por el largo sendero cuyo suelo estaba cubierto con una tela blanca para proteger los pies descalzos de Amma. Finalmente, llegamos a una casa muy pequeña de madera.

La multitud estaba llena de devoción y todo el mundo gritaba por estar cerca de Amma. Nos llevo un tiempo abrirnos paso entre la gente para llegar a la pequeña habitación de *puja* en el centro de la casa. El devoto y su esposa realizaron una *pada puja* y colocaron un par de finas pulseras de oro en los tobillos de Amma. Estaban increíblemente felices, ya que éste había sido su sueño durante años. Después de realizar la *puja*, Amma le preguntó al hombre por su salud. Como un niño pequeño, le contestó:

¡Oh, Amma, no he podido dormir en diez días sabiendo que venías!

Amma normalmente se lleva a la familia a otra habitación para hablar en privado con ellos durante unos minutos. Mirando alrededor, vio que no había más habitaciones, ya que apenas era una simple choza. Amma le dijo a la pareja que tenían que dormir un poco ahora, después de que Ella se marchara, porque sabía que la mujer era diabética y al marido le habían hecho una operación de corazón para colocarle un triple bypass. Amma vió que habían estado despiertos toda la noche y estaba preocupada por ellos.

La multitud que se había reunido esperaba ansiosa el *prasad* de Amma. En lugar de limitarse a darle algo a cada persona, Amma decidió dar *darshan* a cada uno de ellos. Esto me pareció bastante alarmante, viendo que había más de cien personas y sabiendo lo cansada que estaba Amma. Pero Ella quería bendecirlos a todos. Nos vimos empujados de un lado a otro por personas desesperadas que esperaban el *darshan* de Amma.

Busqué refugio cerca de la pequeña zona de *puja* fuera de la multitud. Dentro, una de las mujeres del barrio estaba tan abrumada por la devoción que rezaba con lágrimas en los ojos, contándole todos sus problemas a Dios. Parecía tremendamente triste y sumamente devota. Nuestra fotógrafa estaba profundamente conmovida y espontáneamente comenzó a dar su propio "*darshan*" a esta mujer. Me sorprendí al darme la vuelta y verla abrazando fuertemente a la mujer, secándole las lágrimas. Amma estaba a un lado de la habitación dando *darshan* rápidamente a todo el mundo y nuestra fotógrafa estaba diez pies más allá, en la pequeña zona de la *puja*, dando sus propios cariñosos abrazos de consuelo a esta mujer. Sólo estar cerca del incontenible amor de Amma puede hacer que nuestros corazones se desborden de compasión.

Al final del *darshan*, nos abrimos paso entre la excitada multitud hasta el coche. Mientras nos alejábamos, primero pensé que Amma podría haber llegado al límite de agotamiento total, pero, por el contrario, parecía extasiada. Sonreía con gran felicidad y todos los signos de fatiga habían desaparecido. Dijo:

Aquello fue maravilloso. Estoy tan contenta de haber tenido la oportunidad de ir a un hogar tan pobre. Deben de tener muy poco, pero me regalaron estas tobilleras de oro. Realmente debería devolvérselas, pero, en lugar de eso, podemos darles algo de dinero.

Le dijo al *brahmachari* que conducía que se asegurara de que se atendían todas sus necesidades médicas y que averiguase si necesitaban algo y lo adquiriera para ellos. Yo veía el corazón de Amma desbordándose de amor y preocupación por esta anciana pareja. Incluso cuando ya habíamos viajado durante mucho tiempo, Amma seguía pensando en ellos y, de nuevo, le dijo al *brahmachari* que no se olvidase de ayudarles. Dijo:

Oh, espero que puedan dormir algo ahora, ya que sé que no lo han hecho y me preocupa su salud si no lo hacen.

Aunque Ella apenas había dormido poco más de unas horas en los últimos días, a Amma le preocupaba el sueño y la salud de sus hijos. Pude ver realmente cómo la mente y el corazón de Amma se dirigían hacia estas personas por su inocente devoción. Pude sentir la gracia de Amma fluyendo hacia ellos.

A menudo pensamos que sólo debe darse algo a quien se lo merece; pero el de Amma es un amor que todo lo abarca. Ella piensa que especialmente aquellos que podrían no merecerse algo deben tener la oportunidad. De otro modo, ¿cómo van a aprender a cambiar?

Un año, entrando en Estados Unidos, pasábamos por los trámites de inmigración y el hombre que trabajaba en el mostrador le preguntó a Amma si su marido viajaba con Ella. Yo respondí en su nombre y le traduje lo que el hombre estaba diciendo. Me reía para mí misma pensando en Amma casada. Amma también miró con sorpresa cuando le repetí en *malayalam* lo que el hombre le había preguntado.

Amma siguió mirando sorprendida, así que le repetí varias veces lo que le había preguntado y, después, volví a decírselo en inglés. Amma permaneció en silencio. Más tarde, cuando habíamos salido del aeropuerto y viajábamos en una furgoneta, Amma se reía contando cómo había traducido para Ella. Le contó a todo el mundo que había dicho, en *malayalam*, que el oficial de inmigración preguntaba si llevaba alguna cucaracha con Ella. Pensó que quizás sospecharan que algo había entrado en nuestro equipaje en la India y estaban comprobándolo, ya que, en la actualidad, son sumamente estrictos.

Amma dijo, bromeando, que incluso ya no sabía hablar en su propio idioma al pasar tanto tiempo escuchando a los que no lo hablamos correctamente. Hagamos las faltas que hagamos, Ella nos acepta y, sin cesar, derrama su torrente de gracia sobre nosotros. Amma podría tener a personas listas, jóvenes e inteligentes sirviéndola; pero, por alguna razón desconocida -un acto de gracia-, Amma permite que gente como yo la sirva. Su compasión y su paciencia son, de hecho, mayores incluso que su amor.

Capítulo 10

Un esfuerzo constante

¿Cuál es el secreto de su éxito? le preguntaron al
Dr. George Washington Carver.
Él contestó:
Rezo como si todo dependiera de Dios y después
trabajo como si todo dependiera de mí.

Cuando Buda se tumbó en su lecho de muerte, se percató de que su joven discípulo *Ananda* lloraba en silencio.
¿Por qué lloras, *Ananda*? le preguntó.
Ananda contestó:
Porque la luz del mundo está a punto de extinguirse y nos quedaremos en la oscuridad.

Buda reunió toda la energía que le quedaba y dijo las que fueron sus últimas palabras en la tierra:
Ananda, Ananda, sé una luz para ti mismo.

Amma nos recuerda lo mismo, una y otra vez. Nos dice: "En realidad, todos tenemos una capacidad infinita en nuestro interior. Al sostener una pequeña vela en la mano, podríamos pensar: '*¿Cómo puedo avanzar en la oscuridad?*' Pero simplemente tenemos que seguir avanzando, paso a paso, y la oscuridad desaparecerá de forma gradual.

Algunos desean alcanzar el objetivo sin mucho esfuerzo. Siempre están buscando alguna fórmula mágica sin hacer ningún esfuerzo. Pero, como dice Amma, cuanto más descuentos se dan, más disminuye también la calidad. Nos hemos hecho perezosos.

Amma hablaba de que el conocimiento del Ser no puede otorgarse. Tiene que llegar desde un florecimiento gradual del corazón debido a un esfuerzo incesante por parte del buscador, que podría culminar en la gracia del *Guru*. No puede forzarse o exigirse.

Amma siempre pone el máximo esfuerzo en servir para darnos ejemplo. En los primeros días, Amma era la primera en comenzar cualquier trabajo que hubiera que hacer en el *ashram*. Fabricó los primeros ladrillos que se utilizaron para construir el *ashram* y fue la primera en subirse al pozo séptico para limpiarlo. Cuando la gente comenzó a incorporarse al *ashram*, Amma les dijo que nunca debían convertirse en parásitos. Al contrario: debían trabajar duro y ser autosuficientes, y Amma siempre ha guiado por el camino siendo la que más duro trabaja. Siempre ha enseñado con su ejemplo personal, no con simples palabras.

Amma enseñó a los *brahmacharis* a hacer ladrillos utilizando cemento y arena. A cada *brahmachari* se le pidió que hiciera diez ladrillos. Amma les dijo que recordaran cuánto cemento y arena tenían que utilizar, para asegurarse de que lo habían mezclado en la proporción adecuada.

Un *brahmachari* decidió escribir en la arena la cantidad de arena y gravilla que había añadido, pero, al cabo de un rato, se olvidó de apuntar las cantidades. A veces añadía un poco más de cemento. Entonces pensaba: *"Oh, hay más cemento; así que voy a echar un poco más de arena"*.

Así, añadía un poco más de arena y repetía el mismo proceso una y otra vez. Después de un rato, finalmente comenzó a hacer los ladrillos. Cuando acabó diez ladrillos, sobraba bastante mezcla para hacer otros diez ladrillos, pero pensó: "He hecho mis diez ladrillos. Eso es todo lo que se me ha dicho que haga. Que el resto haga lo que quiera".

Y se fue a su choza a descansar. Cuando Amma vio que había materiales tirados por ahí y que se iban a desperdiciar, llamó al *brahmachari* y le preguntó:

¿Por qué has desperdiciado tanto material?

Él respondió:

Amma, he cumplido con mi obligación. Me pediste que hiciera diez ladrillos y puedes ver que mis diez ladrillos están listos. No sé nada de la cantidad que sobró.

Amma nunca deja de intentar enseñar a los residentes del *ashram* a trabajar desinteresadamente con alerta y conciencia. No es una labor fácil, porque nuestros *egos* son muy tenaces.

Después del programa en *Palakkad* en 2006, íbamos de viaje hacia *Trissur* para el siguiente programa. Mientras estábamos en el coche, Amma no dejaba de decir que le gustaría pasar tiempo con los *brahmacharis* que habían trabajado sin descanso en *Nagapattinam*, construyendo las casas del tsunami. Su mente pensaba constantemente en ellos mientras viajábamos. En el camino, miraba para asegurarse de que el vehículo de los *brahmacharis* estuviera cerca. Tan pronto como llegamos, mi primera pregunta fue:

¿Dónde puedo dormir?

La primera pregunta de Amma fue:

¿Dónde están los *brahmacharis*? Llamadlos.

Quería sentarse con ellos.

Vayamos donde vayamos en el mundo, en cuanto llegamos a una nueva ciudad, Amma siempre se sienta y habla con la gente del lugar durante un rato, incluso después de haber viajado toda la noche. Sin importar lo cansada que pueda estar o lo tarde que sea. En 2005, mientras viajábamos internacionalmente, llevábamos casi cuarenta y ocho horas en varios aviones cuando, finalmente, llegamos a Zúrich para comenzar la gira europea. Al llegar a nuestro alojamiento en casa de un devoto, Amma ni siquiera llegó a su habitación. Se sentó con los devotos del lugar en el pasillo que había frente a su habitación y empezó a practicar todos sus nuevos *bhajans* en alemán, ya que sabe lo felices que les hace escucharla cantar en su lengua materna. Aunque pueda estar físicamente cansada, como el resto de nosotros, Amma tiene el poder mental de superar las limitaciones físicas del cuerpo.

Aunque Ella tiene que sentarse durante muchas horas en la misma posición, su postura normalmente continúa siendo perfecta. Mientras estamos en el escenario y yo me tengo que sentar sólo durante una pequeña parte del tiempo que Amma tiene que estar sentada, me encuentro, a menudo, retorciéndome y moviéndome nerviosamente. Amma se sienta perfectamente tranquila, en la misma posición, aunque, al igual que yo, también podría estar sintiendo dolor en la pierna.

*Amritavarsham*50 fue un acontecimiento sumamente agitado que duró cuatro días, con numerosos programas, pero con muy poca comida o sueño para nosotros. Al final del último programa, Amma descansó un poco y, entonces, regresamos al *ashram*.

Uno de los *swamis* que no viajaba normalmente con Amma, tuvo la rara oportunidad de viajar de regreso al *ashram* en el asiento delantero del coche. Amma había estado hablando de la limpieza que habría que hacer para estar seguros de que el estadio hubiera quedado completamente limpio. De repente, después de haber viajado una corta distancia, Ella detuvo el coche y le pidió al *swami* que diera la vuelta y comprobara si se había limpiado adecuadamente y y si todo se había dejado en mejor estado del que lo habíamos encontrado. Él se sintió feliz de poder sacrificar su oportunidad de viajar con Ella, porque sabía lo importante que era para Amma que se diera ejemplo dejando el estadio en buen estado.

Amma llamó a otro *brahmachari* para que se uniera a nosotros mientras proseguíamos nuestro camino. Mientras viajábamos de regreso al *ashram*, apenas podía mantenerme despierta; pero

Amma, que había dado *darshan* a más de cincuenta mil personas en un periodo de veinticuatro horas, estaba totalmente despierta. Se sentó hacia adelante, al borde del asiento trasero, todo el camino de *Cochin* a *Amritapuri*, hablando con nosotros de los acontecimientos de los últimos días. Mientras se sentaba erguida, su espalda completamente recta y sin tocar nunca el respaldo del asiento, yo me desplomaba hacia el otro lado del asiento, exhausta. Esto sucede a menudo. Soy como una batería que se agota después de un tiempo, a diferencia de Amma, ¡que siempre está directamente conectada a la Fuente!

En la gira del norte de la India de 2006, habíamos estado en *Mumbai* durante varios días de programas. Después de un gran programa público, regresamos para quedarnos en el *ashram* de *Nerul*, a las afueras de la ciudad. Amma no había descansado en absoluto. No había ido siquiera al baño en toda la noche. Al llegar al *ashram*, fue inmediatamente a uno de los laterales de la sala principal y empezó a examinar el desorden que había allí.

Amma tiene la costumbre de ir directamente donde las cosas podrían estar escondidas, sin querer ser encontradas. Siempre va exactamente a ese sitio. Fue a un lugar donde se almacenaban algunos objetos innecesarios, en las esquinas de la sala y comenzó a ordenarlos. Como el espacio era muy limitado, Amma estaba haciendo sitio para que la gente pudiera sentarse durante los siguientes días de programa. Se abrió paso por todos los rincones de la sala y por la parte de atrás del *ashram*. Por suerte, siempre hay muchos trabajadores serviciales que aparecen cuando Amma se pone a trabajar. Cuando comienza el trabajo, sabe que puede terminarse muy rápido.

Mientras recorría el edificio limpiando y reordenando cosas, Amma encontró todas las zonas que se habían pasado por alto. Había un montón de cajas de artículos de librería que sabía podían quedarse allí, ocupando espacio, y nos dijo que las moviéramos para que algunas personas más pudieran sentarse. Siempre pensando en los demás, incluso tras una larga noche de *darshan* Amma se esfuerza por mostrarnos que el trabajo nunca está acabado.

Vayamos donde vayamos en el mundo, aparte de todo lo demás que hace, Amma es la siempre vigilante inspectora del edificio. Nada que alguien quisiera ocultar escapará a su vista. Aunque Amma tiene muy poca educación formal, su conocimiento y su guía abarcan un sinnúmero de áreas diferentes.

Cuando visitamos el *ashram* de Amma en *Trissur*, el año pasado, nos encontramos con el aluvión de flashes cegadores de los fotógrafos de la prensa. Los flashes habían sido tan fuertes que yo no podía ver bien después. Después de esto, me asombró realmente que, cuando caminábamos hacia la habitación de Amma, Ella se detuviera justo delante de su habitación y señalara hacia el suelo, diciendo:

¡Mira!

Estaba mirando una pequeña grieta que había en el suelo de hormigón. Yo no sabía cómo podía verlo, ya que todavía estaba medio ciega por los flashes de las cámaras. Amma dijo:

No pusieron bien el agua cuando se puso el hormigón. Amma entró en su habitación decepcionada por la falta de cuidado de los trabajadores. Nada puede escapársele a Amma, porque siempre está alerta en cualquier situación, estemos donde estemos.

En las pocas ocasiones en las que hemos visitado el hospital AIMS, los médicos que iban con nosotros han tratado de mostrarle orgullosos a Amma la última tecnología médica que han adquirido. En lugar de admirar sus equipos, Amma normalmente examina las astillas en el suelo o los lugares donde falta una baldosa en el techo, mostrando dónde no se ha tenido cuidado. Está constantemente tratando de enseñarnos a actuar correctamente, teniendo cuidado de no utilizar mal ni desperdiciar nada.

Una vez, en Santa Fe, un programa nocturno acabó muy tarde. Como es habitual, ya había amanecido cuando el *darshan* terminó. Nos fuimos a la cama más tarde aún, y todo el mundo estaba exhausto, excepto Amma. Aprovechó este momento de tranquilidad en la casa para ir a la cocina y comer helado del congelador. Su asistente la siguió a hurtadillas y se alarmó al ver lo que Amma estaba desayunando. Vino a la habitación donde yo dormía y me despertó, exclamando que Amma no la escuchaba y que debía ir a intentar que dejara de comer helado.

Me intimidaba la idea de pensar cómo iba a hacer que la Madre Divina del Universo dejara de comer helado si eso era lo que quería.

Por suerte para mí, en el momento en que llegué a la cocina Amma había dejado de comer helado. (Debió de haber oído que estaba de camino y decidió no comer más por temor a mí.) Cuando llegué a la cocina, Amma estaba contando historias de los viejos tiempos a unas pocas personas que se habían reunido allí.

Amma contó una historia de una vez, hacía muchos años, que había entrado en la antigua cocina del *ashram* y encontrado a uno de los *brahmacharis* con las manos detrás de la espalda tratando de parecer inocente, con un pie sobre un saco de arroz. Conociendo su culpa, Amma se dispuso a mirar detrás de los sacos que estaban almacenados en la pequeña despensa. Y descubrió inmediatamente, con horror, un plato que acaba de esconder. Cuando levantó la tapa del plato, descubrió una gran ración de arroz con una gran cantidad de delicioso polvo de *sambar* amontonado sobre ella y otro poco de arroz esparcido encima para ocultar lo que había debajo. Le reprendió por haber cogido tanta cantidad del delicioso polvo que se sabía no era bueno para la práctica de *brahmacharya*. En aquellos días, la comida era, a veces, escasa, y todos encontrábamos nuestras propias maneras ingeniosas de obtener algo de la nada entre las limitadas provisiones disponibles en la cocina. Aunque a menudo tratamos de ocultarle cosas a Amma, Ella siempre descubre lo que hemos hecho.

Hace años, en el primer retiro que Amma hizo en Australia, nos quedamos en la rústica localidad costera de Somers, cerca de Melbourne. Después del *darshan* de la mañana, Amma regresó a la casa donde se estaba quedando. Entró en la cocina, fue directa al cubo de abono orgánico y metió dentro el brazo. Sacó medio coco. Le dijo a la chica que cocinaba ese día:

¿Qué es esto, hija?

La chica murmuró:

Es medio coco, Amma.

Amma preguntó:

¿Y qué está haciendo en el cubo de la basura?

La chica contestó:

Oh, tenía algo de moho.

Amma cogió una cuchara y retiró el pequeño trozo de moho diciendo:

El resto puede todavía rallarse y utilizarse para cocinar. No desperdicies comida, hija.

En su vida, Amma ha visto tanto sufrimiento debido a la pobreza y a la falta de productos básicos, que por ello es muy estricta con nosotros cuando cree que hemos desperdiciado algo innecesariamente. Todos los días, cientos de personas acuden a Ella con historias desgarradoras de penurias debidas a la falta de alimentos, dinero o medicinas adecuadas. Por eso, Amma nunca pierde la oportunidad de intentar enseñarnos una idea importante para nuestras acciones cotidianas. Hace todo lo posible por guiarnos en la dirección correcta.

Cientos de personas le hacen preguntas y le escriben cartas a diario. Amma les contesta a todos, pero a su propia manera. Podemos no recibir siempre una respuesta directa, pero debemos tener fe en que nos ha escuchado. Algunas veces puede que no nos conteste, porque dice que hay cosas que tenemos que aprender directamente de la propia vida.

En 2004, Amma presintió que algo podría interrumpir la gira de Estados Unidos. Resultó que el Parlamento de las Religiones del Mundo invitó a Amma a ser una de las ponentes principales en un congreso que se celebraba en Barcelona justo en mitad de la gira. Al principio, dudó si ir al programa o no, pero al final accedió a participar para dar a sus hijos europeos la alegría de poder verla más de una vez el mismo año. Llegaron devotos de todo el mundo: de Finlandia, Inglaterra, Alemania, Francia, Dinamarca y Suiza. Había personas de casi todos los países. Estaban muy emocionados de ver a Amma.

Amma había dicho que daría un *darshan* espontáneo a un lado del salón después de su discurso. No iba a dar *prasad*, sólo un *darshan* rápido a los que quisieran. Al final, invitaron a Amma a dar *darshan* en una carpa montada por una comunidad sikh que había viajado desde Londres para servir comida gratuita a todos los participantes en el congreso. Amma dio un *darshan* lento y cariñoso a todos, a las miles de personas que se presentaron. No había colas formales de *darshan* ni números. Los *swamis* y otros músicos cantaron sin sistema de sonido, bajo la tenue luz de la carpa.

Cuando Amma acabó el *darshan*, dio de cenar a todos los que seguían en la carpa. Supervisó el reparto y las raciones de comida. La ración original de una manzana, tres *chapattis* y curry se redujo a un cuarto de manzana, una *chapatti* y un poco de curry. Amma tardó más de una hora en alimentar meticulosamente a mil personas con comida que había sido preparada para alimentar a ciento cincuenta. Todo el mundo se sentía feliz por haber sido servido con tanto amor y no podían creer que Amma pudiera darse tanto.

A las tres de la madrugada llegamos finalmente a la casa donde nos alojábamos. Estábamos al borde del agotamiento, ya que habíamos viajado directamente desde Estados Unidos esa mañana y teníamos que regresar en una pocas horas. Pero Amma todavía seguía fuerte. No quiso dormir como hicimos los demás, sino que quiso hablar sobre varios puntos de los discursos. Nadie puede mantener el ritmo de Amma. De hecho, son necesarias varias personas trabajando en turnos diferentes para mantener su ritmo. Uno de los *swamis* cogió a Amma del brazo y la llevó a la habitación donde se suponía que iba a descansar, suplicándole que tratara de dormir un poco mientras cerraba cariñosamente la puerta dejándola en su interior. Todos los demás se retiraron a las habitaciones que les habían preparado, felices de, por fin, poder descansar, ya que Amma estaba a salvo en su habitación.

Nos dormimos rápidamente; pero, un poco más tarde, me desperté por el sonido de la risa de Amma. Estaba en la puerta de nuestra habitación riéndose al vernos a las chicas durmiendo en fila como sardinas. Ninguna más se despertó, ya que estaban absolutamente exhaustas. Pensé en darle a Amma cierta libertad y no la seguí.

Unas horas más tarde, cuando nos levantamos, descubrimos que Amma no había dormido nada en toda la noche. Embarcamos en un avión, de nuevo, después de pasar menos de treinta y seis horas en Barcelona y regresamos para prose-guir la gira de Estados Unidos. ¿Quién viaja constantemente por medio mundo de esta manera sólo para hacer felices a los demás? Sólo Amma.

Nunca se cansa de servir a los demás. En los días de *darshan* público, en el *ashram* de *Amritapuri*, Amma da a menudo *darshan* desde la mañana hasta la noche. Después de estos largos *darshans* tiene que estar agotada, pero su compasión hace que vaya direc-tamente al escenario para los *bhajans* y, de esta forma, nos da un ejemplo a todos. Amma nunca pierde la oportunidad de inspirar a sus hijos: así es el amor incansable de un Ser establecido en Dios.

Nuestro destino es, de hecho, el esfuerzo que hemos puesto en el pasado. Para recibir la gracia debemos esforzarnos ahora, empezando incluso desde la infancia, si podemos.

Una niña de ocho años que visitaba el *ashram* de la India estaba sumamente emocionada por poder ir al *archana* temprano por la mañana. Su madre no le había pedido nunca que lo hiciera, pero, cuando se despertó por la mañana, su hija se levantó inmediatamente y cogió su libro de *archana*, lista para salir. Al principio, su madre pensó que se dormiría tan pronto como comenzaran los nombres, pero para su sorpresa siguió todos los mil nombres. Algunas veces se perdía y le preguntaba a su madre en qué nombre estaban, y así su madre tuvo que estar más alerta que nunca.

Después de los mil nombres y de la *arati*, fueron al santuario del templo para ver allí la imagen de *Kali*, admirando su belleza. Después de su primer *archana*, su hija le dijo que no podía pronunciar todos los nombres difíciles. Su madre le aseguró que era normal y que la mayoría de los adultos no podían ni siquiera recitarlos adecuadamente. Su hija, inocentemente, contestó que ella respondía a cada nombre con su *mantra* personal. Su madre se conmovió por el gran esfuerzo que su hija había realizado.

Cuando viajamos por Occidente, a menudo me preguntan por qué trabajamos tan duro; pero cuando vemos lo que Amma hace, sin descansar nunca y siempre buscando nuevas maneras de servir a los demás, ¿cómo podríamos sentarnos simplemente sin hacer nada? ¿Cómo podríamos alguna vez llegar a devolverle algo, incluso una fracción de lo que Ella nos ha dado?

Cuando yo era joven y había terminado el colegio, me inscribí en un curso de enfermería, aunque había una lista de espera de tres años para empezar. Trabajé durante dos años y, en ese corto periodo de tiempo, entendí la superficialidad de la vida mundana. No pensé en volver a trabajar durante varios años, pero entonces conocí a Amma.

Supe cuál era mi camino cuando Amma siempre me animaba a trabajar duro. Al trabajar duro y servir a otros, podemos olvidarnos de nosotros mismos. Cuando nos olvidamos de nosotros mismos y dedicamos todo nuestro tiempo a tratar de resolver los problemas de los demás, todos nuestros asuntos son atendidos automáticamente.

Un Maestro iluminado nos da algo tan inestimable como la comprensión del significado de la vida sin esperar nada a cambio. Creo que lo único que podemos dar a cambio es trabajar un poco por una buena causa. No tenemos nada más que ofrecer. Lo único que podemos hacer es intentar esforzarnos un poco. Incluso ese poco de esfuerzo, esa actitud de simplemente querer intentar hacer lo que podamos, atraerá la gracia.

Alguien le preguntó una vez a Amma:

¿Qué es la gracia y cómo funciona?

Amma respondió:

La vida es la gracia. Necesitamos la gracia de Dios para hacer cualquier cosa. Sin ella, no podemos vivir en este mundo. Un corazón compasivo siempre recibirá la gracia.

Capítulo 11

El ritmo de la vida

*La vida no consiste en lo rápido que corres
o en lo alto que escalas, sino en lo bien que rebotas.*

– Anónimo

Amma dice que todo en la Naturaleza tiene un ritmo: el viento, la lluvia, el mar y también el crecimiento de las plantas.

De forma semejante, la vida en sí misma tiene un ritmo: el fluir de la respiración e incluso el latido del corazón. Nuestros pensamientos y acciones crean el ritmo y la melodía de nuestras vidas. Cuando perdemos el ritmo de los pensamientos, se refleja en nuestras acciones. Esto, a su vez, destruye la misma vibración de nuestra vida.

Es necesario mantener el ritmo de la mente y del cuerpo, no sólo por la salud y la esperanza de vida individuales sino también por el bien de toda la humanidad y de la Naturaleza. La pérdida de esta cadencia se refleja en el medio ambiente y en la sociedad, en desastres como los terremotos o los tsunamis. El equilibrio de la Naturaleza depende de la humanidad.

Cuando violamos las leyes de la Naturaleza sufrimos dolorosas consecuencias, pero este dolor sirve para recordarnos que algo no va bien en nuestra forma de vivir. Cuanto más continuemos cometiendo los mismos errores, más consecuencias acumularemos y más dolor tendremos que soportar. Las acciones que realizamos en la vida regresarán, sin duda, a nosotros, de una manera u otra, tanto las buenas acciones como las malas.

Un reportaje narraba la siguiente historia. Un ladrón armado entró en una tienda, llegó hasta la caja registradora y puso un billete de veinte dólares sobre el mostrador. Cuando el cajero abrió la caja registradora, el ladrón le dijo:

Dame todo el dinero que hay ahí, rápido.

El cajero vio el arma en la mano del hombre y rápidamente sacó todo el dinero de la caja registradora y se lo dio al ladrón. El ladrón lo cogió, se lo metió apresuradamente en el bolsillo y salió corriendo. En sus prisas, cometió el error de olvidarse de recoger los veinte dólares que había dejado sobre la mesa.

En el momento del robo no había mucho dinero en la caja registradora, sólo unos catorce dólares. En lugar de perder dinero, la tienda acabó ganando seis dólares. Cuando imponemos nuestra voluntad egoísta e interferimos en el ciclo natural de los acontecimientos tratando de tomar un atajo, normalmente terminamos defraudados de una u otra manera. Debemos, por el contrario, buscar oportunidades de restaurar el equilibrio y la armonía en nuestra vida y en el mundo.

Después del tsunami, una perrita sobrevivió a las mortíferas olas. La llamaron *Bhairavi*, por su fuerza para sobrevivir. No podíamos dejarla en el *ashram* y una amable devota se la llevó a su casa. Esta devota padecía una enfermedad crónica y, cuando desarrolló unas llagas rojas como eczemas en los pies, simplemente supuso que se trataba de un síntoma de su enfermedad. Acudió a muchos médicos, pero ninguno pudo explicarle exactamente lo que era o por qué las tenía, o proponer alguna cura. Padeció el problema de la piel durante casi dieciocho meses.

Su cachorrito solía mordisquearlo todo. Un día, *Bhairavi* mordisqueó su par favorito de viejas sandalias de goma que tanto le gustaba ponerse. Inmediatamente después, al perrito empezaron a salirle manchas rojas en la piel. Y, mientras tanto, las manchas rojas de los pies de la devota desaparecieron completamente. La mujer se dio cuenta de que el sarpullido debía haber sido causado por una alergia al calzado. El misterio de sus extraños síntomas fue desentrañado súbitamente y nunca más padeció estos problemas. El cachorro le devolvió el favor de haberle salvado la vida.

Los seres humanos tienden a pensar que son grandiosos. Pero Amma dice que hasta los gusanos de los excrementos tienen familia y se aman unos a otros. ¿Cuál es la diferencia entre ellos y nosotros? La única diferencia es que los seres humanos están dotados de la capacidad de distinguir entre lo que es correcto e incorrecto.

Cuando tratamos de refinar esta cualidad del discernimiento con más profundidad, desembocamos naturalmente en la virtud de la compasión. Entonces podemos elevarnos sobre las bajas tendencias que están hondamente sepultadas en nuestro interior y que nos atrapan como esclavos. Entonces nuestras vidas empiezan a florecer gradualmente, como el capullo de una flor exquisita.

La gracia de Dios fluirá realmente de todas las direcciones hacia los que cultiven la compasión y la expresen exteriormente hacia la humanidad que sufre. Pero si no utilizamos el discernimiento, nuestras vidas se estancarán, como un charco de agua contaminado. Entonces no hay absolutamente ninguna diferencia entre los animales y nosotros, excepto que los animales pueden mostrar más amor desinteresado que nosotros.

Un día íbamos viajando en un vehículo cuando Amma le explicó a alguien:

Los animales no crean más *prarabdha karma* para ellos mismos, a diferencia de las personas, que siempre crean más y más.

Cuando los animales están enfermos, ayunan. Nadie puede hacerles comer nada cuando su instinto básico les está diciendo que dejen descansar el sistema digestivo para que resuelva el problema que se ha manifestado. Pero éste no es el caso con los seres humanos. Incluso cuando nuestro cuerpo nos da señales de que estamos enfermos y de que debemos reducir la velocidad y ayunar, podemos ignorar este mensaje y seguir comiendo alimentos que nos perjudican sin dejar nunca descansar el cuerpo para que pueda repararse por sí mismo.

Los animales tienen un instinto básico que toma el mando y les lleva a hacer lo correcto. Actúan según una intuición que les llega naturalmente. Por el contrario, en los seres humanos la mente se convierte en nuestro amo y nos hace esclavos. A menudo seguimos los deseos del cuerpo y los caprichos de la mente. Ignorando el sentido común, somos completamente inconscientes y estamos fuera de sintonía con nuestra intuición más elevada. En este estado es más probable que suframos accidentes o enfermedades. Debemos afinar nuestra intuición y aprender a sintonizarnos tanto física como mentalmente.

El dolor no es siempre un enemigo; a veces puede ser un gran amigo y maestro. Un europeo se encontraba de gira con Amma en la India cuando se cayó en una acera y se fracturó gravemente el tobillo. Aunque era un dolor terrible, desde aquel preciso instante fue consciente de que el accidente estaba destinado a suceder de una u otra manera. Trató de entregarse totalmente a su destino y sacar lo máximo de una experiencia inevitable. Tuvo que reducir la velocidad en su vida, debido a que ya no podía moverse rápidamente. También se vio obligado a aceptar la ayuda de los demás, porque no podía hacer muchas cosas básicas por sí solo. Reconoció que hay una increíble cantidad de cosas por las que estar agradecido, cosas que antes había dado por supuestas. Esta experiencia personal de un estado de impotencia le ayudó a cultivar más paciencia y compasión por otros que podrían pasar por dificultades en su vida. Toda su manera de pensar se adaptó, y vio el episodio entero como una bendición disfrazada.

A menudo queremos hacer cambios en el mundo exterior. Deseamos cambiar a otros sin transformarnos nosotros en absoluto. Pero Amma nos recuerda que, si realmente deseamos hacer que el mundo sea diferente, debemos cambiar nosotros primero y, entonces, automáticamente, el mundo exterior se transformará. De hecho, a menudo la vida nos fuerza a pasar por circunstancias en las que no tenemos absolutamente ninguna otra opción más que cambiar. Esto sucede para nuestra propia evolución, haciéndonos avanzar más hacia el estado de perfección.

Como dijo Henry Miller: "No hay que poner al mundo en orden: el mundo es el orden encarnado. Somos nosotros quienes tenemos que ponernos en sintonía con ese orden". Para poder llevar a nuestro cuerpo y nuestra mente a un estado de equilibrio consigo mismo y con el resto de la existencia, debemos tratar de aprender a seguir un *dharma* básico sobre cómo comportarnos en el mundo. Si aceptamos las situaciones que nos llegan con dignidad, discernimiento y humildad, la vida no tendrá que enseñarnos con tanta dureza.

Los individuos inusuales y extraordinarios que han alcanzado el estado de conocimiento de Dios, han logrado la completa comprensión y equilibrio en sí mismos y también con las vibraciones de toda la vida. Han logrado ese estado mediante el poder absoluto de su intuición divina y de una completa entrega a un poder superior.

Aunque Amma no ha realizado mucha *sadhana* formal en su vida, ha alcanzado la cima de la existencia humana llegando a entender quién es Ella realmente. Durante varios años, su devoción apasionada fue a menudo malinterpretada como locura. Sólo aceptaba el alimento que le llevaban los animales que la rodeaban, y de ningún ser humano. No podía soportar aceptar nada de nadie, porque nadie entendía por lo que estaba pasando; sólo la Naturaleza lo comprendía. Los pájaros dejaban caer peces para Ella y las vacas le ofrecían leche directamente de sus ubres. Como fue capaz de sintonizarse con el ritmo de la vida, la Madre Naturaleza la nutrió y cubrió todas sus necesidades.

En aquella época, siempre había dos perros junto a Ella. Amma se perdía a menudo en su mundo privado de éxtasis, tumbada en la arena o cerca del agua. Un perro se quedaba con Amma mientras el otro iba a buscarle comida. Nunca la dejaban completamente sola, sino que se turnaban para estar con Ella y vigilarla. Si algún extraño se acercaba, los perros gruñían para protegerla. Su amor por Ella nunca vaciló. Cuando Amma se alejaba del mundo de la tristeza y el dolor en sus estados de *samadhi,* ellos esperaban silenciosamente a que volviera de nuevo.

Fue una época en la que Amma sobrevivió sólo a base de hojas de *tulasi* durante varios meses. Su experiencia demostró que, cuando la mente y el alma se identifican con la vibración divina interior y con el ritmo de la creación, el cuerpo puede sobrevivir con poco o ningún sustento exterior.

En la actualidad, Amma come y duerme poco la mayoría de los días, y sólo porque nosotros insistimos en que debe hacerlo. Se ha entregado tan profundamente a la labor de servir y confortar al mundo que desciende desde los más elevados reinos del éxtasis. Baja hasta nuestro nivel de existencia, sacrificando su propio estado de dicha, para tratar de inspirarnos a subir más arriba. Aunque se mueve con nosotros, viste como nosotros e incluso se sienta y come con nosotros, su mente habita totalmente en otro plano.

En una ocasión, una de las mujeres que sirve a Amma llenó un cubo de agua y lo dejó listo para que Amma lo utilizara para su baño. Esta mujer no había llenado con cuidado el cubo y Amma se dio cuenta de que había algo de suciedad flotando en el agua. Amma se lo dijo, reprendiéndola con cariño, por no haberse dado cuenta.

La mujer se sintió autorizada para preguntarle a Amma:

¿Por qué Amma no es a veces nada exigente con la limpieza y otras veces ve la mota más pequeña de polvo?

Amma le contestó:

A veces estoy en tu mundo y otras veces en el mío.

Cuando viajamos con Amma por la India, a menudo nos sentamos junto a la carretera a media tarde para meditar y luego tener un descanso tomando un *chai*. Aparte del placer de tomar una bebida caliente, Amma también dirige una sesión de preguntas y respuestas dando consejos espirituales o, simplemente, pide a alguien que cuente una historia. En una de estas ocasiones, cuando paramos junto a la carretera, todos los que viajaban en los nueve autobuses que iban con Amma corrieron a buscar un sitio donde sentarse cerca de Ella. Después de que Amma se sentara, una de las chicas que estaba cerca trató de arrancar un pequeño cardo espinoso que crecía muy cerca de donde se encontraba Amma. Cuando Ella lo vio, rápidamente le impidió arrancar la planta. La chica comentó que era sólo una mala hierba, pero Amma le recordó que la misma chispa de conciencia fluye en todo y, en consecuencia, sentiría dolor si la arrancaba y la destruía.

Amma ve la esencia de la divinidad en todo y conoce el dolor que puede sentir incluso la hoja de una planta. Para Ella, la Conciencia Suprema no es sólo un concepto, sino algo que vibra en todas partes y en todo. Este conocimiento del Ser revela todos los secretos de la Naturaleza.

En la gira del norte de la India de 2006, viajábamos por carretera y nos detuvimos en mitad del camino. Cuando paramos, Amma quería distribuir entre todos los presentes un poco de prasad especial del templo que le habían dado. Después de darnos un poco a cada uno de nosotros, llamó a los policías que nos acompañaban y también les dio personalmente prasad. En aquel momento, apareció un perro junto a la carretera. Amma insistió en que había que darle un poco también al perro. Alguien se dispuso a poner la comida en el suelo, pero Amma quería que el perro fuera alimentado en un plato. Se utilizó la tapa de plástico azul de un recipiente y Amma alimentó al perro poniendo el prasad sobre el. Quería que el perro se comiera todo el prasad e insistió en que lamiera toda la tapa. Cuando el perro acabó de comer, Amma dijo que había que lavar bien la tapa y volver a utilizarla, que no debíamos deshacernos de ella. Todos hicimos muecas, horrorizados al pensar que la tapa del recipiente sería utilizada de nuevo y que podría suceder que acabáramos comiendo de ella la próxima vez. Sin embargo, Amma dejó bien clara su lección: hay que tratar a los animales con tanto respecto como a los seres humanos. Hay que ver la misma esencia de la divinidad en todo.

Amma sabe que Dios no está simplemente sentado arriba en el cielo en un trono de oro. La luz de la conciencia brilla en cada objeto y cada criatura de esta creación, tanto en los seres vivos como en los inertes. Desafortunadamente, no somos capaces de verlo.

Hace varios años, durante la gira europea, en Holanda, Amma llegó a casa de un devoto y fue directa al patio a coger una manzana de un árbol pequeño pero muy cargado que había visto en el jardín. Después de coger la manzana, pidió perdón al árbol por llevarse la fruta. Se comió la mitad de la manzana y ofreció el resto como prasad a todos los presentes. Normalmente, ella no come manzanas, pero se sintió atraída por este árbol en concreto. Debía haber estado esperándola para hacerle una ofrenda.

Ahora, cada año, cuando viajamos a Holanda, en cuanto llegamos a la casa, Amma va directamente al jardín. Coge sólo una manzana del mismo árbol. Éste puede ser el único momento en todo el año en el que se come parte de una manzana. Amma dijo que cuando las frutas están realmente maduras saben deliciosas, pero que se siente increíblemente triste al cogerlas. Algunas veces,

la Naturaleza tiene una vida tan corta que siente que es mejor dejar las cosas vivas.

La Madre Naturaleza tienen innumerables lecciones espirituales que enseñarnos, si vamos los suficientemente despacio como para darnos cuenta. Una noche asistimos a un programa público donde se había congregado una enorme multitud. Siguiendo la tradición de *Kerala*, en el lugar había un elefante para conmemorar la ocasión. Esa noche particular Amma había salido del coche y yo la seguía a través de la multitud. Finalmente, llegamos donde estaba el elefante. Amma estaba encantada de ver el elefante y se acercó para saludarle. Se volvió hacia mí y dijo:

¿Tienes algo para dar de comer al elefante?

El coche no se encontraba cerca y tuve que responderle, sinceramente, que no tenía nada para alimentar al elefante.

Como quizás sepáis, a Amma le encanta dar de comer a los elefantes; pero, desgraciadamente, yo no estaba en absoluto preparada para esa situación. Normalmente no llevo plátanos conmigo mientras voy hacia el estrado para un programa. Amma estaba estupefacta de que no llevara nada de comida para dársela al elefante y volvió a preguntar:

¿No tienes nada para darle al elefante?

Me eché a reír. Tonta de mí, se me había olvidado traer la comida del elefante. ¡Y ya sabéis cuánto comen los elefantes!

Amma estaba terriblemente decepcionada y miró al elefante con las manos levantadas para mostrarle que no tenía nada que ofrecerle. Mientras caminábamos hacia el estrado, Amma seguía volviéndose hacia el elefante, disculpándose por no tener nada para darle y señalándome un poco, como si yo hubiera sido la culpable de haber olvidado la comida del elefante.

Éste fue un buen ejemplo que demuestra que, en la vida espiritual, debemos estar preparados para todas las situaciones. No sabemos los retos que nos traerá la vida... y no sabemos cuándo nos cruzaremos con elefantes hambrientos.

Un joven de Malasia me contó su experiencia de comprensión de la gloria de la Naturaleza. Había comprado una pequeña planta de *tulasi* en el programa de Amma. Sabiendo que la planta era muy sagrada, trató de alimentarla cariñosamente durante dos semanas. La regó a la misma hora todos los días, pero, pocas semanas después, se dio cuenta de lo seca y amarilla que estaba, con todas las hojas empezando a marchitarse.

Recordó haberle oído decir a alguien que a la planta de *tulasi* le gusta escuchar *mantras* y comenzó a cantarle un poco y a recitarle algunos *mantras*, pero su estado no cambió. Inocentemente, pensó que quizás no hubiera cantado lo suficientemente alto o durante el suficiente tiempo y le preocupó que la preciosa planta fuese a morir. De repente, pensó que quizás podría ponerle unos *bhajans* a la planta colocándola cerca del ordenador y poniendo un CD de Amma cantando. Le habló a la planta con dulzura, diciéndole que era lo único que podía hacer que quizá la ayudara a recuperarse. Como estaba cansado por el trabajo de todo el día, se fue a dormir durante unas dos horas mientras la música sonaba. Cuando se despertó y encendió la luz, vio que la planta estaba fresca y que las hojas ya no estaban marchitas. Estaba absolutamente asombrado. No creyendo lo que veía con sus propios ojos, se los restregó un poco, por si su visión estuviera distorsionada al acabarse de levantar. Pero la planta parecía haber revivido y las hojas habían vuelto a ser verdes. Así empezó a comprender la magia del poder del sonido.

Pasaron dos semanas y se olvidó completamente del incidente. Normalmente tenía la planta en el exterior, acordándose de regarla a la misma hora todos los días. Pero, una vez más, empezó a marchitarse y las hojas comenzaron a volverse amarillas, aunque todas las demás plantas parecían estar bien. Decidió, una vez más, llevar la planta al interior aunque sus padres pensasen que estaba un poco loco cuando la colocó con cariño junto a su ordenador y puso la música de *bhajans*.

A su madre nunca le había gustado demasiado la música de *bhajans*, pero el joven le dijo que le enseñaría lo especial que era, probando el efecto revitalizador que tendría sobre la planta. Ella no creía que fuera a pasar nada especial y negó que existiera algo sagrado en la vibración de los *bhajans*. Como era china, el estilo musical indio no le gustaba nada y constantemente le pedía a su hijo que bajase el volumen de los *bhajans*.

El joven le dijo que mirara la planta en ese momento y que regresara una hora después para ver el efecto que las vibraciones de los *bhajans* habrían tenido sobre ella. Regresó una hora más tarde y se sorprendió al ver que, una vez más, la planta había rejuvenecido y que las hojas amarillas y marchitas se habían vuelto verdes. Aquello le mostró el efecto purificador de la vibración de los *bhajans* y nunca más le pidió a su hijo que bajara el volumen. El joven también comprendió algo especial con este experimento. Reflexionando sobre el efecto de los *bhajans* sobre la planta, también comenzó a comprender el efecto que, sin duda, Amma tendría cantando *bhajans* cada noche en todos los que la escuchaban, e incluso también en el entorno.

La vida es completa sólo cuando la humanidad y la Naturaleza se mueven en armonía, cuando van de la mano. Cuando la melodía y el ritmo se complementan, la música es bella y agradable al oído. Del mismo modo, cuando las personas viven según las leyes de la Naturaleza, la canción de la vida se vuelve melodiosa.

Capítulo 12

Los retos del camino

*El mayor alborotador con el que, probablemente,
tendrás que tratar jamás, te mira desde el espejo
cuando te afeitas cada mañana.*

— Anónimo

Con frecuencia, le preguntan a Amma cómo debemos vivir en el mundo. Amma responde:

Vive en el mundo como una bandada de pájaros que no tienen apego a nada y que están listos para volar en cualquier momento.

Cuando estábamos en *Trissur*, en 2006, para un programa, el tiempo era sofocantemente caluroso. Algunos de los familiares de Amma vinieron de visita; pero, sabiendo lo difícil que estaba el alojamiento, no quisieron molestar a nadie pidiendo una habitación. Simplemente pidieron dos esterillas para que la familia pudiera dormir en ellas y durmieron felizmente fuera, en el suelo. La esposa dijo que, como su marido nunca quería molestar a nadie por nada, ella también se sentía contenta durmiendo fuera. Pensaba que estaba teniendo la oportunidad de imaginar como había sido el *ashram* en los primeros días, cuando, a veces, dormíamos fuera.

Si mantenemos una actitud positiva y aceptamos todas las situaciones de la vida sean como sean, podremos llegar a ver la mano de Dios en todo. Este nacimiento humano se nos ha dado para hacer frente a los retos y para superarlos, no para huir de ellos. Con la gracia de Dios siempre se nos dará la fuerza necesaria para ser capaces de afrontar cualquier cosa que nos suceda.

Amma nos recuerda que la vida no siempre nos trae buenas experiencias. De hecho, puede ser que nos esperen más experiencias malas que buenas. Las buenas y las malas experiencias constituyen la naturaleza del mundo. Sin embargo, debemos aprender a convertir dichas experiencias, que suponen un desafío, en escalones para el éxito. Para ello, necesitamos un intelecto que discierna arraigado en los principios espirituales.

Un joven había crecido en una comunidad espiritual y, aún así, tuvo que afrontar bastantes retos desde muy joven. Criado por su madre, vivió en un *ashram* bajo la guía de otro *guru*. Tenía 16 años cuando el *guru* dejó su cuerpo y esta pérdida lo dejó sumido en una profunda tristeza. Comenzó a tomar drogas y se zambulló en todo lo que el mundo material tenía que ofrecerle. Más tarde, se dio cuenta de que lo único que esta forma destructiva de vida podría ofrecerle era un sentimiento de profundo vacío. Aún así, no sabía cómo romper el ciclo de drogas y fiestas en el que se había metido.

Entonces, su madre lo llevó a conocer a Amma en Londres. En el programa vio el vídeo sobre el tsunami y aquello cambió todo para él. Lloró y lloró, dándose cuenta de que había desperdiciado su vida mientras otros estaban muriendo en el mundo. Anhelaba encontrar un camino para aliviar a la gente de su sufrimiento. Cuando vio a algunas personas con cámaras de vídeo en el programa, pensó que quizás pudiera trabajar en aquel departamento, ya que acaba de terminar un curso de tecnología de los medios de comunicación. Como era demasiado tímido para acercarse a Amma, se guardó esta idea para sí mismo y no se la comentó a nadie.

Su madre le propuso que fueran al programa de Irlanda, al final de la gira. De camino al programa, se encontró con alguien que trabajaba en el departamento de vídeo. Cuando llegaron, este hombre le llevó directamente a sentarse junto a Amma. Le tradujeron a Amma que él tenía ciertos conocimientos de vídeo y que quería ayudar de alguna forma. Amma le dijo que, si lo deseaba, podía venir a la India después de que la gira hubiera terminado. Él aceptó la propuesta y se incorporó al equipo de filmación de Amma en la India. Ahora espera pasar varios años viajando con Amma para profundizar las bases de su vida espiritual y resistir la tentación de volver a sus viejos hábitos.

Amma dice:

Cuando en la vida llegan circunstancias difíciles, hay dos formas de reaccionar: podemos salir corriendo con miedo o recurrir a la fuerza interior y tratar de superarlas. Si escogemos la primera opción, toda nuestra fuerza se agotará y seremos mecidos como hojas secas en el viento. Es imposible escapar de ciertas cosas. Alguien que trata de huir acabará derrumbándose de agotamiento. Por el contrario, debemos acumular fuerza mental, levantarnos y actuar, extendiendo la fragancia del desinterés y del amor. La sombra del miedo sólo desaparecerá con el amanecer de la luz del amor. El amor es nuestra fuerza. El amor es nuestro refugio.

En los primeros días del *ashram*, mi *seva* iba desde limpiar los baños y cortar verduras hasta planchar la ropa de Amma. Durante mucho tiempo, también preparé té para los trabajadores de la construcción y bebidas para los residentes. Como nunca fui una verdadera bebedora de té, lamentablemente para todos siempre preparé el peor té del mundo. Los pobres trabajadores se quejaban, a menudo, de lo mal que sabía mi té.

Un día me pidieron que hiciera té para Amma. No se lo bebió de inmediato y el té se enfrió, así que lo recalenté con un poco más de leche. Estaba segura de que sabía horrible; pero cuando un niño ofrece algo a la madre con amor, la madre lo acepta con amor. Amma acabó bebiéndose mi terrible mejunje y diciendo lo bueno que estaba. Sabía que sólo estaba intentando ser amable conmigo.

En los primeros días del *ashram* Amma nos decía que no bebiéramos ni té ni café. Se sabe lo perjudicial que es para los buscadores espirituales caer en una adicción. En su lugar, bebíamos una mezcla de leche caliente y agua. En aquellos días yo tenía la responsabilidad de preparar estas bebidas.

Recuerdo un día que yo estaba elogiando a uno de los *brahmacharis* delante de Amma:

Amma, ese chico no le pone azúcar a su leche aguada. ¿Verdad que es maravilloso? ¡Qué persona más disciplinada!

Amma no estuvo de acuerdo. Dijo:

¡Todo el mundo tiene que tomar azúcar en su agua con leche!

Porque Ella sabía que el ego podría llevarle a pensar que era más disciplinado que otros. Siempre quería que siguiéramos el camino moderado: ni demasiado, ni demasiado poco. Ni demasiado poco sueño, ni demasiado sueño. Amma es sumamente práctica. Para Amma, la verdadera espiritualidad consiste en ser totalmente práctico.

Como no se servía té en el *ashram*, algunos iban a la casa de la familia de Amma para hacerse un té o un café. Cuando Amma se enteró, nos regañó y dijo que no debíamos volver a hacerlo. Pero, aún así, algunos se escapaban a veces para hacerse algo de beber. Amma se enfadó mucho cuando se enteró y una tarde decidió ocuparse seriamente de este asunto. Los catorce que estábamos entonces fuimos juntos al *kalari* y se decidió que todos debíamos prometer que no beberíamos más té o café. Uno por uno fuimos haciendo nuestra promesa. Finalmente, le tocó a una persona que dijo:

Prometo que intentaré no beber té o café.

Todo el mundo protestó vehementemente:

¡No, no, no! No puedes hacer eso, ¡no está permitido!

Pero esta persona dijo:

No voy a prometerlo; no voy a hacer una promesa que no pueda cumplir.

Al final, la mayoría de nosotros hicimos la promesa de abstenernos de la cafeína y no bebimos ni té ni café durante muchos años.

Mantuve aquella promesa durante casi quince años. Sólo en contadas ocasiones, una o dos veces al año, aceptaba una bebida que se me ofrecía para no herir los sentimientos de alguien al rechazarla. Hasta que un día empecé a sentarme con Amma en el escenario en los programas públicos que había fuera del *ashram*. Estaba acostumbrada a moverme de aquí para allá, siempre ocupada, y cuando de repente me pusieron en la situación de tener que estar quieta durante horas, me di cuenta de que empezaba a sentirme increíblemente soñolienta. Estaba muy apegada a decir:

No bebo ni té ni café.

El ego se hincha cuando piensa: *"¡Soy muy espiritual, porque no bebo cafeína!"* Finalmente, decidí romper mi apego a no beber cafeína y empecé a beber un poco de nuevo, simplemente para mantenerme despierta.

Hace unos ocho años, fuimos a un programa en *Bangalore*. Me tomé un café antes de subir al escenario. Era la primera vez que tomaba café desde hacía años. Durante el *satsang* pude sentir un gorgoteo en el estómago. "¡Oh, no!", me percaté, *"¡Tengo que ir al baño!"* Estaba despierta, pero contaba el número de *bhajans* que faltaban antes de que me pudiera escapar. Se me había olvidado que el café puede ser un fuerte purgativo y diurético. Cinco *bhajans*, cuatro *bhajans*, tres *bhajans*. Finalmente, tuve que levantarme y salir corriendo del estrado. Por suerte, había un baño cerca. Siempre recordaré aquella primera taza de café después de tantos años.

Amma finalmente decidió que quienes estuvieran realmente apegados a beber té podrían tomarlo cada día. Una pequeña cantidad en una dosis medicinal puede pasar, no es perjudicial. Beber sólo un poco nos mantiene alerta y nos da energía para continuar. Amma decidió dejar de luchar contra la resistencia de los que se escabullían para tomarlo y, al final, dijo que todo el mundo debía beber té. Así fue como el *chai* se incluyó en la rutina diaria del *ashram*. Podemos llegar a olvidarnos del *atman* en nuestro día a día, al estar siempre ocupados, pero nunca nos olvidamos de que son las cuatro de la tarde: ¡la hora del *chai*!

En una ocasión, alguien del *ashram* decidió realizar *tapas* tratando de no comer: sólo un plátano pequeño y un vaso de leche cada noche, nada más. Pero no fue un *tapas* muy inteligente. Acabó con una úlcera y, al final, tuvo que comer más de tres comidas al día: todo porque realizó las prácticas ascéticas sin emplear el sentido común. Debemos incorporar el sentido común en nuestras prácticas; lograr la moderación en todo es, de hecho, la práctica más difícil de mantener.

Hace mucho tiempo me mantuve en *maunam* durante cuatro meses. Esto significa que no hablé durante ese tiempo, lo que no era tan terriblemente difícil. Una vez que coges el hábito de mantenerte en silencio, se convierte en una buena excusa para evitar problemas. Cuando los problemas surgen, podemos indicarle a esa persona que se vaya haciéndola ver que estamos en silencio. Sin embargo, cuando se empieza a hablar de nuevo, a veces es muy difícil parar.

Recuerdo que una noche estaba sentada en el *kalari* durante el programa de *Devi Bhava*. Uno de los grandes meditadores del *ashram* estaba sentado en el rincón trasero meditando. Yo consideraba a esta persona muy avanzada, ya que tenía fama de practicar austeridades en soledad, en su cueva subterránea. Admiraba la intensidad de su concentración. Me imaginaba que, probablemente, nunca había experimentado los problemas que yo tenía durante la meditación, como la somnolencia y la falta de una profunda absorción.

Esa noche particular estaba sentada junto a Amma esperando atenderla en cualquier cosa que necesitara. Miré a mi alrededor y me di cuenta de que este hombre estaba sentado en la esquina como una estatua. Tenía la cabeza caída hacia atrás, los ojos cerrados y la boca bien abierta. Sentí una gran impresión al verle de esta manera. Inocentemente, pensé: "*¡Oh dios mío! ¡Ha logrado el mahasamadhi y ha dejado su cuerpo!*" Como era famoso por su capacidad de permanecer sentado durante muchas horas, nunca se me ocurrió que pudiera haberse quedado dormido. Temiendo que se hubiera muerto, se lo dije a Amma:

Creo que ha dejado el cuerpo.

Amma se volvió para mirarlo y se rió. Le arrojó un caramelo y él se despertó, lo que me alivió mucho.

Cada uno ve las cosas de la vida de manera diferente. A veces puede ser difícil distinguir entre lo correcto y lo incorrecto. Debemos aprender a utilizar el discernimiento de forma verdaderamente prudente, lo que no es fácil y supone años de práctica.

Un perro grande y de constitución fuerte llamado Sumo había ganado cuatro competiciones como el mejor perro de su raza. Sin embargo, él y sus propietarios iban a ser desalojados del edificio de apartamentos donde vivían porque los vecinos se habían quejado de que el perro roncaba demasiado fuerte. Los vecinos insistían en que los ronquidos eran tan fuertes y molestos que hacían saltar las alarmas por la noche. El suegro del vecino tenía un problema del corazón y no podía dormir por la noche por ese ruido tan molesto. A raíz de las quejas, se midieron los ronquidos del perro y se vio que superaban los treinta y cuatro decibelios.

El propietario del perro estaba totalmente en desacuerdo con el demandante y afirmaba:

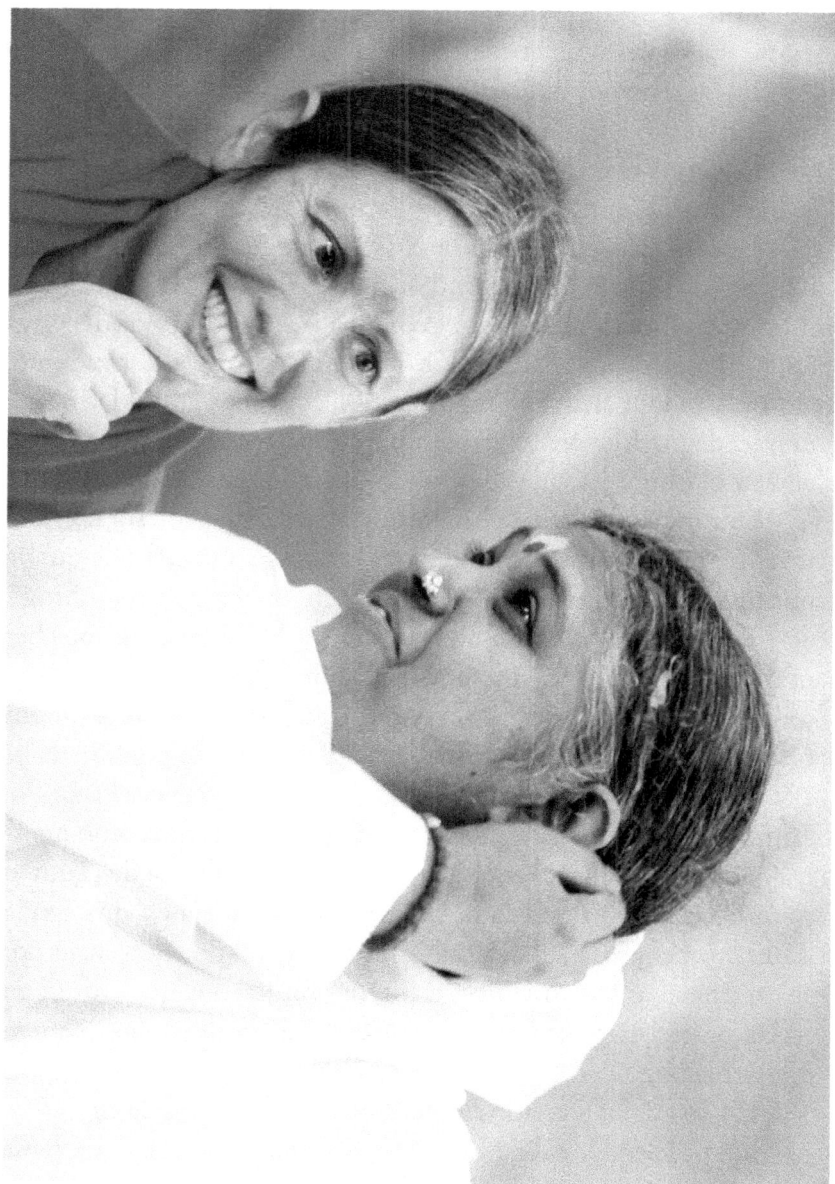

Mi Sumo sólo es un cachorro joven. Duerme conmigo en la cama por la noche. No sé por qué dicen que ronca tan alto. ¡A mí no me molesta en absoluto!

Todos tenemos diferentes percepciones acerca de cómo deberían ser las cosas en la vida. Nuestras vidas están llenas de nosotros; creamos nuestros propios conceptos acerca de todo. Por eso se dice que el mundo es nuestra propia proyección.

En otra ocasión, un hombre rico le encargó a un escritor que narrara la historia de su familia, pero estipuló que tendría que minimizar el hecho de que un tío hubiera acabado su vida delictiva en la silla eléctrica. Estuvo encantado cuando el autor escribió: "El tío William alcanzó un puesto de electrónica aplicada en una destacada institución del gobierno. Mantuvo lazos muy estrechos con su puesto y su muerte produjo una gran conmoción."

Durante una clase de Literatura Inglesa, un profesor escribió una frase en la pizarra y les dijo a todos los estudiantes que la puntuaran. La frase decía: "Woman without her man is nothing".

Todos los hombres la puntuaron así: "Woman, without her man, is nothing" ("La mujer, sin su hombre no es nada"). Pero todas las mujeres de la clase la puntuaron así: "Woman! Without her, man is nothing" ("¡Mujer! Sin ella, el hombre no es nada").

Cada uno puede escoger su propia manera de ver el mundo. Somos increíblemente afortunados de tener a Amma como nuestra guía espiritual para intentar refinar nuestra forma de mirar el mundo. Ella piensa en todos. Nunca nos pondría en una senda dañina o peligrosa. Desciende a nuestro nivel de conciencia por su irrefrenable sentimiento de compasión por los que sufren en todas partes. Pero éste no es el caso de todos los maestros con conciencia de Dios.

Un *avadhuta* llamado *Prabhakara Siddha Yogi* vivía en *Oachira*, una pequeña localidad cercana al *ashram*. Se creía que tenía setecientos años y que algunos pescadores lo habían sacado del fondo del mar con una red de pescar.

Los *avadhutas* son individuos que tienen conciencia de Dios, que han alcanzado el estado supremo, pero que actúan como dementes. Viven en su propio mundo de embriaguez de Dios. Aunque podría parecer que no son de ninguna ayuda, Amma ha dicho que sólo su respiración es suficiente para mantener el mundo en equilibrio. Aún así, no eligen enseñar a los discípulos de forma directa, como hace Amma. Ella tiene tanta compasión que desciende a nuestro nivel para tratar de guiarnos, pero los *avadhutas* sólo permanecen en su propio nivel de conciencia.

Este *avadhuta* particular solía vagar por las áreas urbanas, pero su presencia no gustaba. Le arrojaban cubos de agua sucia, porque a veces agarraba a las mujeres. Decía que eran los deseos de la mente de las mujeres los que provocaban aquello. Había veces en las que venía a visitarnos causando normalmente un alboroto. Se protegía a las pocas chicas que vivían en el *ashram* y nos aconsejaban marcharnos rápidamente y encerrarnos en una habitación para no sufrir ningún daño. Una vez, estábamos en un programa fuera del *ashram*, cuando apareció. Todas las chicas estábamos pasando la tarde al aire libre, detrás de una arboleda. Evitándole también, Amma llegó hasta donde nos encontrábamos. Nos explicó que los *avadhutas* tienen conciencia de Dios, pero que la gente no entiende sus acciones. Ella sabía que si él hacía algo inusual, no le entenderían en absoluto, aunque Ella pudiera percibir el nivel en el que residía su mente.

De camino a *Amritapuri*, la primera vez que vino a la India, una devota americana fue a *Tiruvannamalai* a conocer a un *avadhuta* llamado *Yogi Ram Surat Kumar*. Habiendo oído que era un ser con conciencia de Dios, le buscó en la residencia que sus devotos le habían proporcionado. Lo encontró en el porche, que era su lugar de *darshan*. Llevaba un paquete de dátiles. Se acercó hasta él y le ofreció sus *pranams*. Antes de que se hubiera levantado completamente, él exclamó:

¡Amma, Amma, Amma! ¡Oh *Amritanandamayi*! ¡Esa Madre vino a visitar a este mendigo! Vino y se hizo su foto con este mendigo. Amma…

Sus palabras se ahogaban por la emoción y, al recordarlo, parecía ir perdiéndose en una ensoñación. La mujer se sentía desconcertada, ya que nunca antes había visto a este hombre y no tenía ni idea de cómo sabía que era una devota de Amma.

Al año siguiente, regresó a visitarlo. En un momento dado, le hizo una pregunta espiritual. Su respuesta fue tierna, pero categórica:

¿Por qué me haces esta pregunta? ¿Por qué me haces a mí esta pregunta? ¡Tu maestra es muy grande! Estás en muy buenas manos. Estás muy protegida. ¡Oh, Ella es tan grande…!

Él alabó totalmente las virtudes de Amma.

Alguien le preguntó una vez a Amma:

¿Cuál es el mayor sacrificio realizado por un *Mahatma*?

Amma contestó:

Vienen a esta tierra y viven entre cerdos, como cerdos, y tratan de elevarlos.

La gente se quedó un poco escandalizada al oír esto y, entonces, Amma añadió rápidamente:

¡Amma sólo estaba bromeando!

Pero yo no creo que lo estuviera haciendo. Simplemente estaba diciendo la verdad, que aún no estábamos preparados para oír.

El mayor privilegio en esta vida es tener la oportunidad de vivir con una *Guru* como Amma. Nunca antes un alma con conciencia de Dios ha dado tanto al mundo como Amma da.

Un *avadhuta* puede tener el mismo estado de conciencia de Dios que un *Mahatma*. Pero alguien como Amma sacrifica completamente ese estado supremo de conciencia por su compasión y amor por nosotros. Está constantemente pensando en nuevas maneras de hacernos felices, de darse más a nosotros, de elevarnos desde la sombra de la ignorancia que nubla nuestra visión y que nos causa tanto dolor.

Donde quiera que estemos en el mundo, tenemos que sacar lo máximo del lugar en que Dios nos ha colocado. Aunque vivamos en medio del ajetreado mundo material, sin importar lo que hagamos, no podemos decir que sólo "*esto*" sea espiritual y que "*aquello*" *sea* mundano. Para Amma, que realmente conoce la Verdad, no hay diferencia. Ella ve a Dios en toda la creación, así que, ¿qué puede calificarse de mundano? Si realizamos buenas acciones, la gracia fluirá indudablemente hacia nosotros, estemos donde estemos.

Algunos pueden quejarse de que el día a día es más exigente para ellos, porque viven lejos de Amma. Imaginan que, de alguna manera, sus problemas simplemente se desvanecerían si pudieran vivir en la presencia física de Amma. No debemos perder el tiempo apenándonos por nosotros mismos, sino que, por el contrario, debemos realizar algún esfuerzo para aferrarnos a la esencia del amor y la compasión universales de Amma y tratar de hacer cosas buenas por los demás, de cualquier forma que podamos. Entonces, sin duda, la gracia que fluye hacia nosotros nos guiará en el viaje de la vida.

Capítulo 13

Los ángeles del Tsunami

La pregunta más urgente de la vida es:
¿Qué estás haciendo por los demás?

– Martin Luther King Jr.

En el verano de 2003 Amma había advertido que un enorme desastre natural podría acontecer pronto. Dijo que no podíamos evitar que sucediera. Todo lo que podíamos hacer era rezar y tratar de hacer buenas acciones.

Los seguidores de Amma empezaron a prepararse para la dificultad que iba a llegar. Algunos sacaron todo su dinero del mercado de valores, compraron oro o se marcharon a otro lugar. Otros consideraron que lo más seguro era pasar tanto tiempo como pudieran con Amma en *Amritapuri*. Recientemente, Amma se rió traviesamente recordando cuánta gente había venido a estar con Ella en India para tratar de escapar de la pronosticada catástrofe, cuando el *ashram* en la India fue justo el *lugar golpeado por el* tsunami.

Afortunadamente, la protección de Amma fue total y completa. Absolutamente ninguno de los dieciocho mil devotos que había aquí ese día resultó herido. Fue desgarrador entrar en contacto con la muerte y la destrucción que sacudieron los alrededores del *ashram*. Aún así, el amor omniabarcante de Amma nos rodeó completamente. Por la poderosa gracia de Amma, algunas personas vivieron las experiencias más profundas de sus vidas.

En el momento en el que el tsunami golpeó las costas de *Kerala*, el *ashram* estaba a plena capacidad, lleno de visitantes extranjeros. Para muchos, la vida en el *ashram* ya es un desafío, con un alojamiento y comida modestos. Pero con el tsunami todos los residentes y visitantes del *ashram* fueron evacuados a los edificios de la Universidad *Amrita*, construida al otro lado de la ría. Éste fue un inconveniente relativamente pequeño en comparación con la trágica desolación que nos rodeaba. Los aldeanos locales habían perdido sus hogares, sus pertenencias y, en muchos casos, al menos a uno de sus familiares más inmediatos, si no más.

Los aldeanos, residentes y visitantes fueron todos evacuados juntos hasta tierra firme, al otro lado de la ría. Todo el mundo tuvo que apañarse sólo con la ropa que llevaba puesta en el momento del tsunami. Todas las incomodidades y privaciones hacían que viviéramos como refugiados. Dormíamos en las clases y en los pasillos, en cualquier espacio que pudiéramos encontrar. Pero, aún así, todos tratamos de seguir alegres.

Era más fácil dejar atrás las necesidades de confort cuando pensábamos en los aldeanos de la zona que sufrieron pérdidas tan increíbles. En lugar de centrarnos en lo que nos faltaba, se buscaban formas de ayudar: cortando verduras, sirviendo comida a los aldeanos, ofreciéndose como voluntarios en el hospital y consolando a aquellos que lloraban amargamente. En este servicio a los demás, los visitantes y residentes del *ashram* cumplieron el deseo de Amma de que debíamos encender lámparas de amor en nuestros corazones para aliviar el sufrimiento de los demás.

Esa noche histórica, un grupo de mujeres estaounidenses estaban tratando de conciliar el sueño sobre el hormigón desnudo. Una mujer estaba tumbada directamente sobre el suelo y se cubrió con una esterilla de paja. Se dio cuenta de que aquello debía ser parecido a la forma en la que se sienten los sin techo que duermen en cajas de cartón. Miró a su alrededor y vio a la persona que estaba junto a ella utilizando su gran sujetador almohadillado como una cómoda almohada. Esta mujer se sentía sumamente orgullosa de la ingeniosa utilización de su ropa, hasta que alguien comenzó a reírse, diciendo que ella era la que debía ganar el premio a la alhomada más ingeniosa: la suya consistía en unos calzoncillos largos que un hombre había llevado durante tres días. Haciendo un gran sacrificio, él le había regalado sus calzones. La risa fue la fuerza directriz que guió a estas personas en esos tiempos difíciles.

Cuando Amma dio su discurso de aceptación en el Programa de Premios del Interfaith Center de Nueva York, en 2006, dijo que todos debemos tratar de convertirnos en modelos para inspirar a otros a realizar buenas acciones. Una devota australiana lo hizo muy bien convirtiéndose en una inspiración extraordinaria para muchos de nosotros. Siempre la recordaré como uno de los ángeles del tsunami, aunque por su humildad no le gusta que la llamen así. Durante su segundo año en la Facultad de Medicina, en Australia, se encontraba de vacaciones en Tailandia con una amiga cuando se produjo el tsunami. Estaban alojadas en la playa, en la cuarta hilera de bungalows. Las primeras tres filas fueron completamente barridas por la ola. La gracia la salvó desde el mismo comienzo.

Se despertó angustiada, escuchando espantosos gritos en lo que se suponía debía ser un tiempo de alegría, el día después de Navidad. Tras una noche de celebraciones, de repente se encontró con que el mundo se había puesto patas arribas. Su compañera de habitación entró corriendo llorando histéricamente. Había visto una ola gigantesca acercándose hacia donde estaban. Un ruido ensordecedor sacudió la habitación, como si un avión estuviera arrojando bombas sobre ellas. No sabía si estaba soñando o si sólo estaba un poco achispada por la noche anterior. Lo que sí sabía es que nunca se había sentido más asustada en toda su vida.

Después de que el bungalow y sus nervios hubieran sido sacudidos violentamente, abrieron la puerta de la habitación. Estaban totalmente rodeadas de agua. Los escalones delanteros del bungalow habían desaparecido y todo el complejo del restaurante y la oficina de turismo flotaban a su alrededor. Ordenadores, ropa, altavoces y mochilas -todo lo que representaba los medios de vida y los deseos de la gente- flotaban en las agitadas aguas. El paraíso se había convertido en una pesadilla. Inmediatamente, las cosas se vieron con perspectiva.

Los supervivientes fueron evacuados a terrenos más altos y, tras unas cuantas horas, se les permitió regresar. Después, las dos jóvenes australianas fueron a ver lo que podían hacer para ayudar. Los lugares por los que habían paseado unos pocos días antes estaban ahora irreconocibles. Las barcas colgaban de los árboles y los pavimentos de hormigón se elevaban verticalmente. Había cuerpos repartidos por aquí y por allá, entre los escombros de los materiales de los edificios y los vidrios rotos que cubrían el terreno. Fueron al hospital para buscar a sus amigos, pero no pudieron encontrarlos en ningún sitio. El siguiente paso era el depósito de cadáveres.

En el depósito de cadáveres, lleno de cuerpos en descomposición, reinaban el caos y la confusión totales. Decidieron ayudar allí, ya que necesitaban desesperadamente un mejor sistema para hacerse cargo de la avalancha de cadáveres. Con algunos de los cuerpos en tal estado de descomposición, era una situación horrible de la que muy pocos querían ocuparse. Quienes visitaban el depósito, intentando identificar los cuerpos de sus seres queridos, no encontraban absolutamente ningún apoyo aparte de un pequeño número de voluntarios. La mayoría de ellos se fueron después del primer día, porque no podían soportar el olor ni las impresionantes imágenes que había en el depósito. Una de las chicas

151

se sintió demasiado aprensiva para trabajar dentro, con todos los cuerpos, así que se esforzó por ayudar a la gente en el exterior.

La otra chica se quedó, trabajando doce horas o más cada día, ayudando a las familias a rellenar los informes que describían a los seres queridos que habían perdido. Indicaban los objetos y señales que todavía podrían ser reconocibles, como joyas, tatuajes, piercings o cicatrices. Ella recogía la información y después buscaba entre los cuerpos, con la esperanza de una identificación positiva. Esperaba la siguiente llegada de cadáveres que habían sido recuperados y que se entregaban por las tardes. Buscaba entre ellos, después de que el equipo forense hubiera terminado. De esta manera, llegaría primero a los cuerpos y los identificaría, para que las familias no tuvieran que presenciar el horror de sus caras en descomposición. Era un lugar horrible, un lugar en donde a nadie le hubiera gustado encontrar a su ser querido.

Los forenses la trataron amablemente, porque respetaban lo que intentaba hacer. Aunque, en ocasiones, hacían chistes sobre su situación en lo más bajo de la cadena alimentaria, ya que a menudo tenía que pedirles un cuchillo para retirar piel muerta y gusanos para preparar el cuerpo antes de que lo viera la familia. Pero no le importaba: nadie más iba a hacerlo.

Fue un trabajo muy traumático y, en cada minuto del día, experimentaba más horror del que la mayor parte de las personas verá en toda su vida. Decía que sólo el recuerdo de Amma le daba fuerza para ser capaz de continuar.

Conociendo la angustia mental y el dolor de las familias que llegaban buscando los restos de sus seres queridos, trataba, en la medida de lo posible, de evitarles más dolor del que ya habían sufrido. Además de ayudar a identificar los cuerpos, también trataba de darles consuelo. Con frecuencia, se los llevaba a tomar un café o, simplemente, trataba de ofrecerles apoyo emocional.

Después de unos meses trabajando allí, debía regresar a Australia porque se había quedado completamente sin dinero. No fue una sorpresa que, después de pasar tantas horas rodeada de cuerpos putrefactos, gusanos, calor y un inmenso dolor, tuviera una visión muy diferente de la vida. Regresó a casa sintiéndose muy fuera de lugar. Se consideraba una extraña en el lugar que una vez llamó su hogar. Se sentía molesta por la futilidad de todo: "Me he comprado una falda nueva", "John engañó a Sara…" Estaba muy inquieta de regreso en Australia, porque sabía del enorme sufrimiento que había en otros lugares.

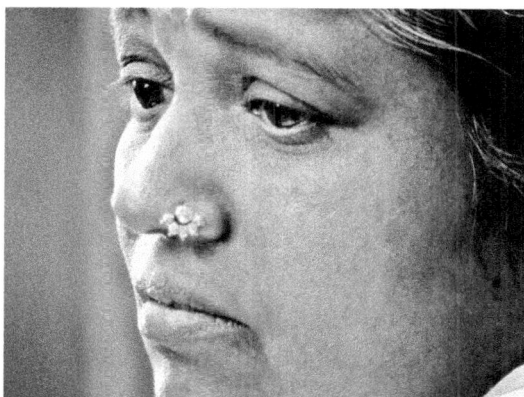

No tenía más dinero para viajar y decidió vender su historia a un periódico a cambio de dinero suficiente para comprar un billete de avión hasta *Sri Lanka*. Voló a *Sri Lanka* con su hermano y ambos trabajaron juntos ayudando todo lo que pudieron a las víctimas del tsunami.

En una ocasión, en *Sri Lanka*, apareció un hombre con una enorme brecha sangrante en la cabeza. El médico local se negó a tratarle y, aunque ella nunca antes había dado puntos a una herida, sabía que había que hacerlo justo allí y entonces, antes de que el hombre perdiera demasiada sangre. Valientemente, intentó dar los primeros puntos y, después, terminó con éxito el trabajo que incluso los doctores del lugar dudaban en realizar. Fue propuesta para el Premio Joven Australiano del Valor. Su enorme coraje y naturaleza desinteresada conmovió, con orgullo y asombro, a las personas humanitarias de todo el mundo. Aunque no ganó el primer premio, para muchos corazones ella fue la ganadora.

Otro ángel de buen corazón también sintió la necesidad de ayudar en *Sri Lanka* tras el tsunami. Como gran parte de la isla quedó devastada, los cuerpos se abandonaban en la playa para que se pudrieran. Tras ver en la playa el cuerpo sin reclamar de una niña pequeña, este hombre decidió que lo recogería y lo enterraría como si fuera su hermana pequeña. Recogió cariñosamente el cuerpo y lo enterró con el mismo cuidado con que lo habría hecho tratándose de alguien de su propia familia. Siguió retirando los demás cuerpos de la misma forma, viendo a cada uno de ellos como miembros de su familia.

Vivió sin alimentos durante largos periodos de tiempo, haciendo este trabajo simplemente por ayudar. Finalmente, los lugareños se dieron cuenta del resultado y de la sinceridad de sus acciones y se encagaron de alimentarlo con todo lo que pudieron.

Ese hombre quería organizar un encuentro para recitar *Om Namah Shivaya*, porque sabía que, en aquel momento, se necesitaba un gran consuelo espiritual. Aunque fuera amenazado de muerte por un grupo militante local, él repetía que no tenía miedo a la muerte. Dijo que podían matarle si querían, pero que iba a organizar la recitación pasara lo que pasara, y así lo hizo. Ni que decir tiene que, cuando se dieron cuenta de su coraje y de la fuerza de su carácter, simplemente le dejaron hacer lo que quería.

Estos dos jóvenes se olvidaron completamente de sí mismos en su deseo de hacer algo bueno por los necesitados. Sus acciones sencillas y heroicas convierten este mundo egoísta en un lugar mucho mejor.

La inspiración de Amma nos da fuerza para lograr cosas enormes cuando nos guía una actitud desinteresada. En aquel momento de enorme sufrimiento y tristeza, después del tsunami, no sólo las personas sino también los animales querían ayudarse mutuamente.

En Nairobi, un cachorro de hipopótamo sobrevivió a las olas del tsunami en la costa keniata. Pesaba trescientos kilos, pero, aún así, fue arrastrado río abajo hasta el Océano Índico y, después, devuelto a la orilla por la tumultuosa ola. Después de perder a su madre, el hipopótamo estaba traumatizado. Fue trasladado a una reserva de flora y fauna y terminó siendo adoptado por una tortuga gigante centenaria. Entre ellos se desarrolló un vínculo muy fuerte: la tortuga desempeñó el papel de madre adoptiva y dejaba que el hipopótamo la siguiera como si fuera su propio hijo.

Un niño de siete años fue salvado de la fuerza del tsunami por el perro de la familia, que lo sacó de la pequeña cabaña donde se había refugiado y lo arrastró colina arriba. La madre del niño había huido con sus dos hijos menores, con la esperanza de que el mayor pudiera ser lo suficientemente fuerte como para correr por sí mismo más rápido que la ola. Cuando el niño llegó corriendo a la cabaña, el perro lo sacó fuera y lo llevó a lo alto de una colina cercana.

En tiempos de miedo y dolor, el amor y la compasión pueden superar cualquier barrera. Una vez vi un pequeño recorte de prensa sobre un joven funcionario del gobierno. Contaba que había logrado gran parte de su experiencia en gestión de desastres cuando se ocupó de un terrible y trágico incendio que había sucedido en *Kumbhakonam*, cerca de *Chennai*.

En aquel accidente se habían quemado vivos noventa y cuatro niños pequeños que estaban en la escuela, y los que sobrevivieron estaban gravemente heridos. Incluso algunos de los padres perdieron a dos hijos en el incendio. No podemos imaginar su

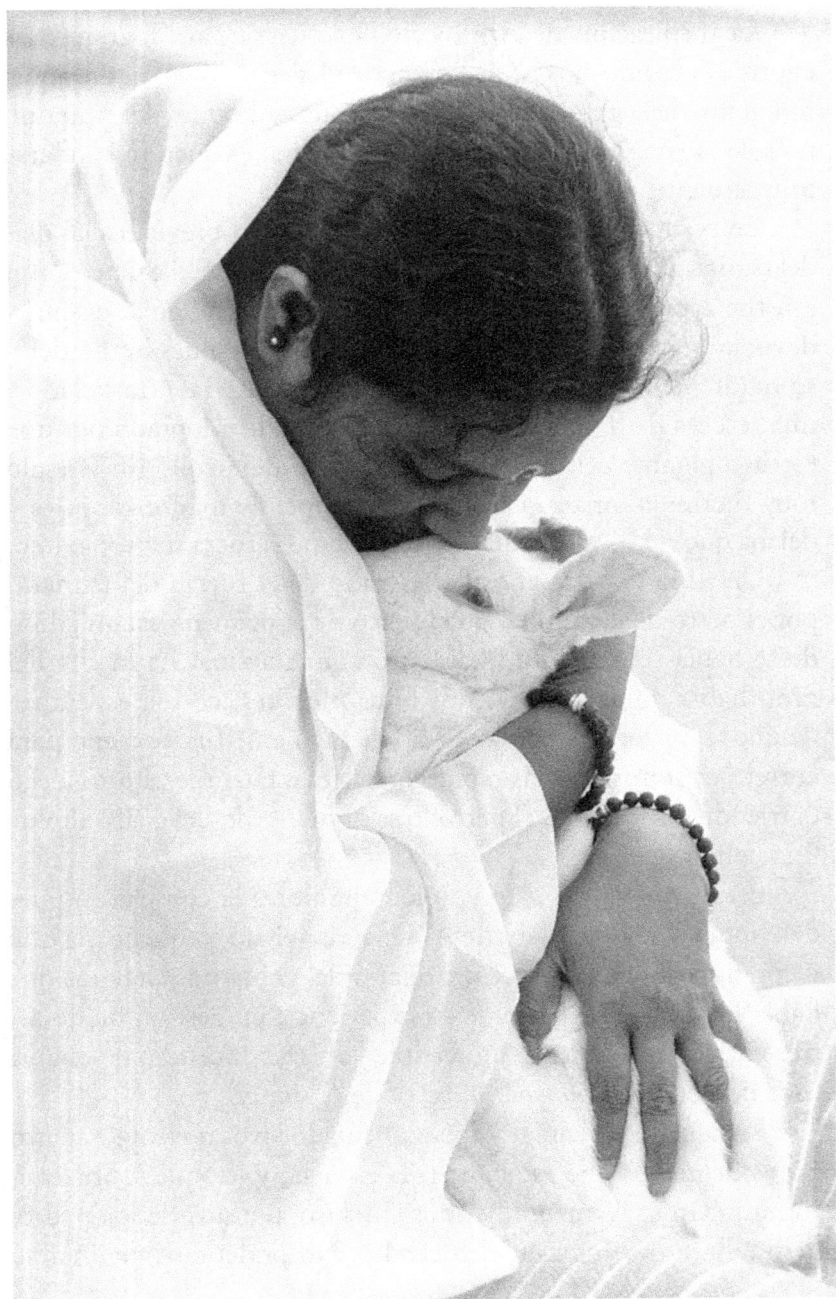

dolor ni cómo fueron capaces de afrontar el futuro tras un sufrimiento como este. El funcionario del gobierno seguía narrando, con lágrimas en los ojos, que durante las operaciones de ayuda del tsunami pudo encontrarse, de nuevo, con algunas de las madres de estos niños. Todos los padres se habían reunido y, aunque la mayoría de ellos eran muy pobres, trabajaron duro para recaudar el equivalente a dos mil quinientos dólares y darle el dinero como ayuda para el tsunami. Eran mujeres que habían perdido a sus hijos en el incendio y que daban dinero para los niños que habían perdido a sus padres en el tsunami.

El dolor se había convertido en su maestro, haciéndoles que abrieran sus corazones.

Durante el tsunami, el agua sucia y el barro inundaron todas las habitaciones de la planta baja del *ashram* de *Amritapuri*. Muchas de las mercancías del almacén quedaron destruidas o resultaron ligeramente dañadas. Después de revisar, limpiar y ordenar todo, encontré muchas cuentas de collar viejas diferentes que me parecieron demasiado feas para hacer algo con ellas. Creía que no tenían ninguna utilidad.

Aparté las peores, pensando que podría dárselas a los niños pequeños de los campos de ayuda del tsunami. Pensé que podrían divertirse haciendo collares con ellas. Esperé algún tiempo hasta que encontré a una chica deseosa de llevar este material a un campo para dárselo a los niños. Más tarde, la chica me contó lo que había sucedido cuando las llevó hasta uno de los campos de ayuda más pequeños, situado cerca del *ashram*.

Dijo que los que vivían allí habían sacado algunas esterillas de plástico para sentarse y trabajar. Después, extendieron todas las cuentas y los materiales y se pusieron a ordenarlos. También les había dado hilo de pescar para engarzarlas y unos broches viejos para los que no encontraba ninguna utilidad.

Se sentaron allí durante unas horas, en silencio, montando con cuidado lo que terminaron siendo unos hermosos collares. Contrariamente a lo que había pensado, no fueron las mujeres y los niños quienes realizaron este trabajo: fueron principalmente los hombres. Se lo pasaron muy bien trabajando con concentración para crear algo bello con los desperdicios de otra persona. Algunos hombres se pusieron los collares y todos disfrutaron riéndose de lo graciosos que estaban.

Fue una oportunidad maravillosa de poder llevar alegría a estos pescadores que habían perdido tanto. Contaron que se sentían impotentes, porque ya no podían facilitar comida, ropa o refugio a sus familias, si es que aún les quedaba algún familiar.

Amma se dio cuenta de que el único trabajo que estos pescadores sabían hacer era vivir del mar. Sintió que si no trabajaban durante unos meses podrían intentar suicidarse por la frustración de pensar que se habían vuelto inútiles.

Devolver una sonrisa a los rostros de las mujeres y de los niños no había sido tan difícil y, con este ejercicio, los hombres también fueron capaces de sonreír y experimentar de nuevo la alegría. Mientras tanto, Amma también estaba construyendo una nueva flota de barcos pesqueros para ellos.

En la India, el tsunami fue especialmente dañino en el estado de *Tamil Nadu*. Amma envió inmediatamente a *brahmacharis* para iniciar allí el trabajo de ayuda, facilitando comida y casas temporales a las personas desplazadas hasta que pudieran construirse hogares permanentes. El *ashram* distribuyó arroz y artículos de confección a miles de personas. Alguien le mostró a Amma unas fotografías de los habitantes de la zona recibiendo estas provisiones básicas. Miré por encima de su hombro mientras Ella veía las fotos y nunca olvidaré una de ellas. Mostraba a un hombre llorando, sujetando una gran bolsa de plástico. El *brahmachari* intentaba consolarle. Este hombre tenía una bolsa de arroz, pero nadie que se lo cocinara ni ningún familiar para compartirlo, ya que toda su familia había muerto durante el tsunami. Siempre recordaré la mirada de insoportable color en su cara.

En la aldea que hay cerca de *Amritapuri*, innumerables familias estaban desoladas porque sus parientes o sus hijos habían muerto en el tsunami. Algunas mujeres pudieron quedarse embarazadas de nuevo, pero otras se habían hecho una ligadura de trompas y estaban totalmente angustiadas por la pérdida de sus hijos, sin posibilidad de tener más. Algunas de estas mujeres habían perdido incluso a dos hijos.

Cuando Amma conoció la difícil situación de estas desafortunadas familias, estudió la posibilidad de revertir las operaciones para facilitar a estas mujeres la posibilidad de concebir de nuevo. Amma insistió en que los médicos utilizaran la mejor tecnología posible para estas operaciones de reconstrucción. Seis mujeres se sometieron a este tratamiento y una de ellas concibió con éxito. Una pareja infinitamente agradecida tuvo un bebé sano. Cuando Amma se enteró de que los procesos de recanalización no habían tenido éxito en los demás casos, aconsejó a los doctores del AIMS que estudiaran la fecundación in vitro. Tres mujeres se sometieron a este procedimiento y se quedaron embarazadas. Una de ellas, que había perdido a un hijo y a una hija, dio a luz a gemelos: un niño y una niña. La compasión y la gracia de Amma le habían devuelto su familia. Estos recién nacidos podían ser los verdaderos ángeles del tsunami. Amma dio nuevamente vida a estas mujeres y la posibilidad de volver a sonreír, uno de los mayores milagros.

Capítulo 14

Olvidarnos de nosotros mismos

*Cuando una persona reacciona ante las alegrías y a las
penas de otros como si fueran las suyas propias,
ha logrado el estado más elevado de espiritualidad.*

— Bhagavad Gita 6:32

El amor de una verdadera madre es incomparable. Su resistencia y perseverancia son insuperables. Se olvida de sí misma, sin pensar en absoluto en su propio cuerpo físico, pensando siempre en sus hijos antes que en sus propias necesidades. Algunas veces, podría incluso sacrificar su propio alimento por el bien de su hijo; pero, aún así, es feliz, porque está haciéndolo todo por amor al niño.

Amma cuenta una historia que muestra lo enorme que puede ser el amor de una madre. Es una historia de *Tamil Nadu*, del gran amor y sacrificio por el mundo de una gran reina. La reina estaba a punto de dar a luz a su hijo y llamó a un astrólogo para que predijera el futuro del niño. El astrólogo le dijo que si el niño nacía en un momento determinado les haría mucho daño a ella, al rey y también al reino. Pero que si el niño nacía un poco más tarde, entonces sería ilustre, amable y generoso y traería una gran fortuna al reino.

La reina era muy consciente de las fechas que le habían dado como momento propicio para el nacimiento. Desafortunadamente, muy pronto empezó a sentir dolores de parto. Empezó a pensar: *"Si alumbro al niño ahora, traerá desgracia a todo el reino.*

160

No debo permitir que esto suceda". La reina dio órdenes a su criada para que la colgara boca abajo de manera que el nacimiento del niño pudiera retrasarse. Permaneció así hasta que llegó el día favorable en que le habían dicho que el niño debía nacer.

Cuando llegó el momento, le pidió a la criada que la bajara para poder dar a luz al niño. Debido a la situación tan extremada a la que se había sometido, la reina no sobrevivió. Sin embargo, como resultado del increíble sacrificio de su madre, más adelante su hijo se convirtió en un gran santo.

No hay nada más poderoso que el amor de una madre. Durante el tsunami, en Tailandia, cuando todo el mundo sentía pánico y corría aterrorizado, alejándose de la enorme ola, una mujer sueca corrió en dirección opuesta, directa hacia la enorme ola. Fue fotografiada corriendo por el agua, tratando de salvar a su marido, su hermano y sus tres hijos. Después, los periódicos informaron de que nadie sabía si la madre o su familia habían sobrevivido. Más tarde, la mujer que había corrido hacia la ola vio el artículo en el periódico y contó que toda su familia había sobrevivido y que todos pudieron reunirse poco después de que el agua los arrastrase hasta un terreno más elevado. Después de estar tan cerca de la muerte, se dieron cuenta de lo valiosa que es la vida y de lo fuerte que puede ser el amor de una madre, que arriesga su propia vida para salvar a los otros. La pureza y el desinterés del amor de una madre siempre le darán la fuerza necesaria para hacer cualquier cosa.

Si alguien se está ahogando y queremos salvarle, en ese momento no podemos preocuparnos por nosotros mismos. Tenemos que disolver nuestro propio ego para poder intentar salvar a otro. De la misma manera, si realmente amamos a Dios en nuestro interior, también podemos olvidarnos completamente de nosotros mismos. Debemos luchar por esta clase de amor. Éste es el tipo de amor que Amma siente por el mundo. Le da la fuerza para seguir y seguir y seguir, interminablemente, recibiendo a personas.

A veces, cuando la gente viene al *darshan* de Amma, en el entusiasmo por recibir su abrazo arremeten contra Ella, le pisan el pie y quizás hasta puedan lastimarla físicamente. Le piden muchas cosas y, aún así, ella atenderá las preocupaciones de cada una de estas personas como si procedieran de sus propios hijos. Tal vez nosotros podríamos sentarnos durante media hora escuchando el mismo tipo de preguntas, una y otra vez, antes de, finalmente, marcharnos corriendo. Pero Amma se sienta pacientemente, prestando atención a todos los que llegan a Ella. Eleva sus corazones doloridos y escucha sus problemas durante horas y horas, aunque su propio cuerpo pudiera estar dolorido. Sin pensar en absoluto en su propia comodidad, pone a todo el mundo en primer lugar y a Ella misma al final.

Amma es el ejemplo perfecto del autocontrol. Algunas veces podríamos sentir que hemos llegado a nuestro límite; pero, a menudo, cuando nos llevan hasta el extremo en el que creemos que está nuestro límite, descubrimos que todavía podemos ir más allá. Para Amma no hay límites o fronteras. Siempre da el máximo de sí misma, en todas las situaciones, sin importarle cómo pueda sentirse. El amor de Amma le da el poder y la capacidad de hacer cualquier cosa.

Podemos tratar de seguir su ejemplo lo mejor que podamos, pero normalmente nos sentimos incapaces de hacerlo. Nuestra mente nos engaña pensando que quizás deberíamos descansar un poco más o que deberíamos ahorrar fuerzas o que no nos sentimos bien. Pero Amma no: Ella ofrece cada respiración sólo para el mundo, y nunca tiene un pensamiento para Sí Misma. Es un ejemplo de compasión absoluta y de perdón absoluto. Quizás esto explique por qué mucha gente la considera "lo Absoluto".

En 2003 tuvimos que cancelar la gira de Australia debido a las dificultades de viajar con un grupo grande durante la crisis del *SRAS* (síndrome respiratorio agudo severo). En este periodo recibí una carta de uno de los organizadores del grupo de satsang. Escribía:

He ayudado en los preparativos de la gira. Ni que decir tiene que yo, como muchos otros, nos sentimos afligidos en este momento, ya que deseamos mucho ver a Amma cuando no está con nosotros.

Sé que Amma conoce los pensamientos y sentimientos de todos sus hijos y que piensa intensamente en nosotros, y que se siente triste por no venir.

Por mi parte, me gustaría que Amma también supiera que sus hijos, aunque afligidos, han resurgido por su gracia con una gran fuerza positiva para afrontar estas circunstancias. Sólo por su gracia se han generado, y continúan generándose, todo este amor, cooperación, eficiencia y apertura de corazón. No lloro de tristeza, sino de una gratitud que no puedo expresar adecuadamente en palabras... Sólo quiero caer ante sus pies benditos una y otra vez.

Es totalmente asombroso que Amma pueda tener, a la vez, esa combinación de preocupación maternal por cada individuo y de una visión universal que incluye el pasado, el presente y el futuro.

El ver esto ha sido la mayor bendición, por bajo que sea el nivel desde el que soy capaz de comprenderlo. Éste es, realmente, el *prasad* más dulce de Amma y recordaré que quiero tratar, con mucho más esfuerzo, de comportarme de una forma *dhármica* en los quehaceres diarios de mi vida, porque mi Amma, que es la Arquitecto de la Ley, escoge comportarse como un ejemplo de perfección para sus hijos.

¡Qué afortunados somos de poder considerarnos hijos de Amma, y poder servirla, y empezar a aprender, aunque sea muy vacilantemente, a caminar tras sus sagrados pasos.

En la vida tenemos una alternativa: podemos sufrir o podemos aceptar las circunstancias desafortunadas como la voluntad de Dios, como hicieron estas personas. Aunque estaban completamente desoladas porque Amma no las iba a visitar aquel año, se olvidaron totalmente de sus deseos personales en un acto de entrega.

Cuando el corazón se abre con amor para abrazarlo todo -incluso las situaciones adversas- como la voluntad de Dios, la gracia verdaderamente fluye hasta nosotros.

Mientras algunos se sienten felices por haber obtenido un apego más profundo a Amma, otros pueden preocuparse de que esto quizás no sea bueno para ellos. Piensan que deberían ser más independientes y libres y no comprenden totalmente el sentimiento de dolorosa añoranza que a veces empieza a experimentarse cuando el vínculo con Amma se hace más fuerte.

Nuestra mente siempre necesita aferrarse a algo. Cuando somos niños pequeños, nos agarramos fuertemente a nuestra madre y a nuestro padre. A medida que vamos creciendo, queremos pasar mucho tiempo con nuestros amigos y después, cuando nos casamos, nos apoyamos en nuestro marido o esposa. La naturaleza de la mente consiste en querer siempre algo a lo que aferrarse como un apoyo. Amma se ofrece como una escalera para subir hasta el conocimiento de Dios. El apego a Amma sólo es en realidad para guiarnos hacia el estado más elevado, porque no podemos alcanzar este estado supremo por nosotros mismos.

Una joven sintió que necesitaba pasar más tiempo con Amma cada año. No se sentía muy cómoda con ese sentimiento de necesidad, como ella lo expresaba, ya que era muy ajeno al condicionamiento en el que había sido educada en Occidente. Le contó a Amma como se sentía y Amma le respondió:

A Amma le gusta tu inocencia y, con tu pura determinación, todas estas cosas se harán realidad. Al principio, la devoción es difícil. Comienza como un río que acaba convirtiéndose en el mar. Y un día no habrá separación entre tú y el mar.

Esta joven compartió como se sentía después de hablar con Amma sobre sus dudas:

He hallado un gran consuelo en sus palabras. Amma me dijo que me acercara más. Lo que veo es que Ella me estaba diciendo que aún estoy desarrollándome, que todavía soy una niña y que necesito estar cerca de mi Madre mientras me voy apegando más a Dios y menos al mundo. La necesidad que sentía era un progreso, no una regresión. Para sustituir el apego al mundo por el apego a Ella, tengo que estar más cerca de Ella. Pero a medida que me vaya apegando más firmemente a Dios, no necesitaré estar cerca de su forma física, porque me habré fundido con Ella.

El sentimiento de apego es chocante para el pensamiento occidental. Se siente como una regresión porque hemos sido muy condicionados a pensar que la independencia es lo que nos hace crecer, ser maduros y responsables. Pero nunca somos independientes: dependemos del mundo para satisfacer nuestros deseos y eso nos hace miserables. Mi mente occidental todavía juzga, diciéndome que estoy retrocediendo, que necesito encontrar a Dios en mi interior y ¿por qué, sencillamente, no puedo meditar y sentirlo? Mi apego a Amma me ha ayudado a estar menos apegada a las cosas del mundo que no me sirven para nada. Ella está, literalmente, sustituyendo esos apegos.

Algunos se encuentran a sí mismos por medio de la devoción, mientras otros se pierden en ella completamente.

Mientras viajábamos por el estado de *Karnataka*, pasamos la noche en la escuela de Amma en *Karwar*. La población local estaba muy entusiasmada pensando en el programa de Amma. Rebosaban devoción. La policía se alineó para evitar que la multitud se precipitara hacia Amma cuando caminaba hacia el vehículo para asistir al programa. Con la incontenible devoción creciendo entre

165

la multitud, la policía se olvidó de que su obligación era frenar a la masa de personas que avanzaba hacia Amma. Los propios policías fueron los primeros en precipitarse hacia adelante para tocar los pies de Amma. En un cambio de papeles, yo tuve que ser la policía y comencé a separarles de Amma para que pudiéramos abrirnos paso.

En *Ahmedabad*, en 2006, una familia acompañada por una mujer anciana muy enferma vino buscando la bendición de Amma. La anciana no podía caminar ni hablar y llevaba una sonda. Su hermano le pidió a Amma que la curara. Dijo que durante los últimos tres meses había permanecido inmóvil y perdido la capacidad de hablar. Su familia la había llevado hasta Amma en una silla, ya que la mujer se encontraba en estado casi vegetativo. Amma había visitado su casa unos años antes, y por eso la familia la había llevado a Amma, con la esperanza de despertar algo en su interior mediante la devoción.

Amma llamó a la anciana varias veces. Poco a poco, empezó a reconocer la voz de Amma y, lentamente, regresó a la vida. Gimió de felicidad y empezó a mover los brazos, tratando de acariciar los labios y la cara de Amma. Empezaron a caerle lágrimas de los ojos y también de los de su hermano, que estaba abrumado de gratitud hacia Amma. Los pocos de nosotros que estábamos presentes también lloramos. Fue profundamente emocionante ver a alguien que estaba en un estado casi de coma volver a la vida al reconocer a Amma.

Un año más tarde la familia la trajo a ver a Amma de nuevo. Esta vez iba en una silla de ruedas. Cuando la trajeron hasta la habitación su cara se iluminó de emoción. Extendió las manos para tocar la cara sonriente de Amma. Realmente no podía hablar, pero con un esfuerzo concentrado consiguió pronunciar cuatro palabras, que repitió varias veces alegrándonos a todos. Lentamente empezó a decir: "Amma… yo… te… quiero". Todos estábamos felicísimos de ver esa enorme mejoría de su salud desde el año anterior. Su familia contó que, después de ver a Amma el año anterior, había mejorado constantemente y que no tomaba absolutamente ninguna medicación. El amor a Amma la mantenía en marcha. No importa si se es joven o anciano: todo el mundo es un niño para ese amor maternal.

Un devoto de Los Ángeles trabajó con diligencia para ayudar a preparar el programa anual y, por su duro trabajo, recibió un premio especial. Los organizadores le pidieron que le pusiera los zapatos a Amma (Normalmente, alguien sostiene los zapatos de Amma al final del programa y le ayuda a ponérselos). Lo pensó profundamente y tardó un rato en responder. Nos preguntábamos por qué no aceptaba la oferta rápidamente. Finalmente contestó:

No me van a quedar bien, ¿verdad?

Después nos reímos un buen rato cuando explicó que pensaba que quizás le habían ofrecido la posibilidad de ponerse los zapatos de Amma durante un tiempo para absorber toda su energía positiva.

A un hombre le gustaba meditar y había participado en muchos retiros, pero siempre cuenta que su mejor meditación fue cuando tuvo la oportunidad de realizar servicio desinteresado en el primer programa de Malasia en 2002.

Durante los dos días de programas, el grupo de la gira que viajaba con Amma trabajó constantemente, sin descanso, y casi sin comida ni agua. Aún así, el ofrecerse de esta manera parecía sacar lo mejor de cada uno. Apenas había tiempo para un pensamiento egoísta: todos estaban deseando hacer lo que pudieran para ayudar.

Con una multitud tan enorme de miles de personas viendo a Amma por primera vez, la mayoría tuvieron que esperar bajo el sol durante horas antes de recibir su *darshan*. El segundo día había más de quinientas familias con necesidades especiales, niños en sillas de ruedas y cientos de personas mayores. El salón era demasiado pequeño para alojar una multitud tan enorme, por lo que trabajamos constantemente para ayudar a organizar un espacio apartado del sol donde las familias con necesidades especiales pudieran esperar su turno para recibir *darshan*.

El grupo que viajaba con Amma servía con entusiasmo en los programas y nunca experimentaba ninguna verdadera dificultad. Parecía la gracia de Amma la que permitía que trabajasen tan duro y se sintieran increíblemente satisfechos a pesar de las pocas comodidades y descanso. Algunos de ellos sólo vieron a Amma dos veces durante los dos días de programa, cuando les llamó para que cada uno le diera *prasad* durante cinco minutos durante el *darshan*. Sin embargo, trabajando en la tienda y tratando de ayudar a organizar a la multitud, dijeron que nunca se habían sentido más cerca de Amma. Olvidarse de sí mismos en el acto de servicio les dio más paz que cualquier otro tipo de meditación que jamás hubieran hecho.

Al encontrar a Amma en nuestro interior y olvidarnos de nosotros mismos mientras la servimos, descubrimos la posibilidad de experimentar la libertad y la felicidad verdaderas. Lo que ganamos es inconmensurable, y lo que perdemos u olvidamos no es nada más que lo que nos separa de nuestro verdadero Ser.

Cuando los periodistas le preguntaron a Amma qué sentía cuando abrazaba a las personas durante el *darshan*, Amma respondió que se volvía una con ellos, experimentando sus dolores, sus penas y sus alegrías. Ella ve a los demás como ve su propia cara en el espejo. Ya no ve dos, sino sólo uno. Por el acto de amor desinteresado todos nos hacemos uno.

Capítulo 15

La verdadera entrega

Si las chispas vuelan
pensaré que mi sed y mi hambre se apagan.
Si el cielo se rompe
pensaré que llueve para que me bañe.
Si una colina se desliza sobre mí
pensaré que son flores para mi pelo.
Oh, Señor blanco como el jazmín,
si la cabeza se me cae de los hombros
pensaré que es tu ofrenda.

— Mahadevi akka

Cuando alguien trata de elogiar a Amma por todo lo que hace, Ella nunca quiere atribuirse el mérito por nada. En su asombrosa humildad, afirma que Ella sólo es un instrumento. Dice que tiene tantos buenos hijos que así es como se realizan todos los proyectos. Amma dice que Ella sólo es un canal que canaliza lo que viene de la Fuente.

En 1987, cuando nos embarcamos en la primera gira mundial, me preguntaba cómo saldrían las cosas. Sabía que nosotros amábamos a Amma, pero ¿cómo se sentirían en occidente? Me preocupaba un poco cómo podrían percibirla en occidente, por todas las facetas extraordinarias de la naturaleza Divina de Amma que yo había visto.

El aspecto de Santa Madre sólo era una de la multitud de facetas que nos había mostrado. También podía convertirse en una niña inocente, en una loca, y también adoptar la forma de *Kali* tratando de destruir nuestro ego. Amma se convertiría en cualquier cosa que nosotros necesitáramos para ayudarnos a romper el rígido caparazón de lo que nos gusta y nos desagrada. Puede despertar nuestro miedo cuando está corrigiendo nuestros errores, así como derretir nuestros inflexibles corazones con tan sólo una mirada de compasión. Amma no habla mucho inglés y siempre lleva el atuendo tradicional indio; por eso me preguntaba si en Occidente estarían dispuestos a aceptarla. Dudaba si podrían reconocer por completo la grandeza de Amma, tan profundamente escondida en su humildad.

Nosotros encontrábamos a Amma absolutamente irresistible, pero el mundo nunca había visto otro Maestro espiritual como Ella. Naturalmente, mis ridículos pensamientos eran absolutamente infundados. Amma nunca tuvo ninguna duda sobre su aceptación. Siempre se entregó totalmente a la voluntad de Dios y nos enseñó que nunca debíamos preocuparnos por nada, que Dios siempre proveería.

Amma nunca le ha permitido a nadie que pida nada en su nombre. Siempre ha querido que trabajemos duro para lograr lo que necesitáramos. Desde el mismo comienzo, cuando la gente empezó a acudir a Ella para descargarse de sus penas, la gracia de Dios y el destino se han desplegado.

En los primeros días del *ashram* sólo había unas cuantas cabañas con techo de paja para vivir, aunque a menudo dormíamos fuera, sobre la arena, bajo las estrellas. A menudo, nuestro rudimentario alojamiento se ofrecía a los visitantes que llegaban y que no tenían otro lugar donde quedarse. En un determinado momento, un devoto ofreció algo de dinero para construir una sala de oraciones. Más o menos al mismo tiempo, Amma se enteró de la difícil situación de los niños del orfanato de *Paripally*, que se encontraba en un estado terrible. Con el dinero previsto para la construcción de la sala, decidió comprar el orfanato para aliviar a los niños de sus horribles condiciones de vida. Tuvimos que esperar unos cuantos años más para que pudiera construirse aquella sala; pero Ella sabía que nos las arreglaríamos.

A veces, cuando nos escaseaba algún artículo de primera necesidad, empezábamos a dejarnos llevar por el pánico y a preocuparnos por cómo íbamos a comprar más, ya que no había dinero. Precisamente en ese momento, cuando empezábamos a estar verdaderamente preocupados, alguien aparecía ofreciendo una pequeña donación que cubría exactamente la cantidad que necesitábamos. Más tarde, siempre nos dábamos cuenta de lo ridícula que había sido nuestra preocupación. Dios siempre cuidaba de nosotros.

Amma dice que Ella siempre supo que estaba destinada a convertirse en lo que es. Totalmente consciente de su naturaleza interior desde su nacimiento, comprendió que tendría que ofrecerse para servir al mundo. Creo que es la gracia de Dios la que le da la fuerza para servir a las personas, para hacer lo que hace. Es un desafío a la historia de la medicina que pueda seguir haciendo lo que hace.

La mayor parte de los grandes santos que vinieron antes que ella sufrieron algún tipo de dolencia o enfermedad, pero aún así sirvieron a las personas, incluso mientras sufrían. No se encerraron en una habitación para evitar a la gente debido a su enfermedad. Transmitían la lección de que, incluso en medio de las dificultades, debemos ir más allá de ellas para servir. Sencillamente debemos seguir dando a los demás.

Una de las mayores enseñanzas de Amma consiste en observar su vida. Tiene un formidable autocontrol que le permite situarse completamente por encima de la conciencia de su propio cuerpo. A veces, durante un programa que termina tarde, cuando todos estamos dispuestos a ir a casa a dormir un poco, Amma disminuirá la velocidad y dará los mejores *darshans* a quienes llegan al final. Su cuerpo puede sentirse dolorido, pero Ella lo trasciende y se olvida completamente de sí misma. Quiere que sea así, porque se ha ofrecido como un regalo al mundo y dice que, cuando se ha dado un regalo nunca hay que recuperarlo.

Una bonita historia muestra cómo los Mahatmas siguen dándose al mundo. No pueden evitarlo: sencillamente, su naturaleza consiste en dar. Su corazón está lleno de tanto amor que se desborda de compasión. Incluso si el mundo no entiende lo que están haciendo, su naturaleza les obliga a seguir dando y dando.

Había una vez un *Mahatma* que había nacido en una casta muy baja. Era alfarero de profesión y, aunque había logrado el conocimiento del Ser, siguió realizando su trabajo de alfarería. Cada día iba al bosque y, utilizando la arcilla y la rueda del alfarero, hacía diez cacharros. Pasaba el resto del tiempo meditando. Trataba de regalar los cacharros que fabricaba a los aldeanos, pero, como pertenecía a la casta más baja, nadie aceptaba regalos de él.

Un día, ideó un plan. Fue casa por casa anunciando que vendía cacharros. Decía:

Tengo diez cacharros para vender. ¿Está interesado en comprarlos? Cada cacharro cuesta quince rupias.

Esto irritó a los habitantes de la casa, porque sabían que el coste de los cacharros debía ser sólo de unas diez rupias. Le dijeron al alfarero que no querían sus vasijas porque podían comprarlas en otro lugar por menos dinero. Le ordenaron que se marchara y que se llevara todos los cacharros.

El alfarero dijo:

De acuerdo, no tenéis que comprarlos. Me llevaré mis nueve cacharros aunque realmente les había dado diez.

Entonces, el propietario de la casa pensó:

No sabe cuántos cacharros me ha dado. Quizás pueda quedarme con el cacharro extra, ya que no se ha dado cuenta de que le falta una.

El alfarero fue de casa en casa, dejando un cacharro en cada casa. Los aldeanos no se dieron cuenta de que estaba dejándoles los cacharros adrede.

De la misma manera, Dios siempre nos da, incluso cuando pensamos que no queremos o que no necesitamos esa gracia. No podemos comprender cómo exactamente trabaja un Maestro Perfecto con nosotros, tratando de alejarnos de nuestro sufrimiento autoinfligido. Nuestra limitada mente e intelecto no pueden percibir más que una fracción de lo que verdaderamente pueden darnos.

Una de las devotas estadounidenses de Amma encontró en Amma lo que siempre había estado buscando: una madre amorosa y una guía espiritual que pudiera llevarla de la oscuridad a la luz. Comprendió que sólo la gracia de un guía espiritual podría llenar todos los vacíos de su vida y volverla completa. Una noche, durante un programa en el *ashram* de San Ramón, estaba hablando con una amiga que trabajaba de voluntaria en el servicio de aparcamiento. De repente, las interrumpió una mujer que llegó corriendo y dijo:

¡Uno de vuestros chicos de la colina de meditación necesita ayuda!

Su amiga cogió un walkie-talkie para llamar a seguridad y pedirles que fueran allí. Mientras tanto, su amiga le dijo con aire despreocupado: ¿Por qué no vas hasta allí arriba y echas un vistazo para ver qué sucede?

La mujer estuvo de acuerdo y se puso en marcha hacia la colina. Alguien le había dado una piruleta (chupetín) ese día y la llevaba en la boca mientras caminaba colina arriba.

Como no se veía la luna, todo estaba bastante oscuro y no podía ver muy bien. A su izquierda, entre los arbustos, vio algo que parecía un montón de ropa. Se acercó y oyó una voz que salía de allí:

Eh, ¿puedes ayudarme?

Era un australiano que en ese momento trabajaba en el equipo de seguridad.

Se acercó un poco al montón de ropa y, a medida que sus ojos empezaban a acostumbrarse a la oscuridad, se fue dando cuenta de que el montón de ropa eran en realidad dos hombres. El hombre de seguridad australiano estaba tumbado sobre su espalda y otra persona estaba sentada encima de él, inmovilizándolo en el suelo.

Cuando por fin se dio cuenta de lo que sucedía, inmediatamente agarró a este hombre para separarlo del australiano. El joven comenzó a forcejear. Para impedir que saltara sobre ella, lo arrojó rápidamente sobre la tierra, boca abajo, y le agarró el brazo derecho, llevándoselo detrás de la espalda, haciéndole una llave. El joven todavía forcejeaba tratando de levantarse, pero ella no le dejó, incrementando la fuerza que ejercía sobre él. No se sentía, en absoluto, enfadada o alterada; simplemente le mantenía con fuerza bajo control. De hecho, temía hacerle verdadero daño si el hombre no dejaba de forcejear.

Al cabo de unos minutos, apareció el otro hombre de seguridad. Saltó sobre el tipo y lo inmovilizó desde el otro lado. Después de esto, el hombre se calmó, completamente exhausto. Los dos hombres de seguridad australianos la miraron con una gran sonrisa en el rostro. Al principio, no sabía si sonreían por el hecho de que una mujer hubiera rescatado a uno de ellos o porque todavía tenía la piruleta en la boca. De hecho, la terminó cuando ya estaban todos de pie.

Después, nunca fue a ver a Amma en persona para contarle la experiencia, porque pensó que su ego se hincharía. Sin embargo, muy pronto se propagó la historia de cómo una chica había salvado a dos fuertes australianos. Amma pensó que era maravilloso

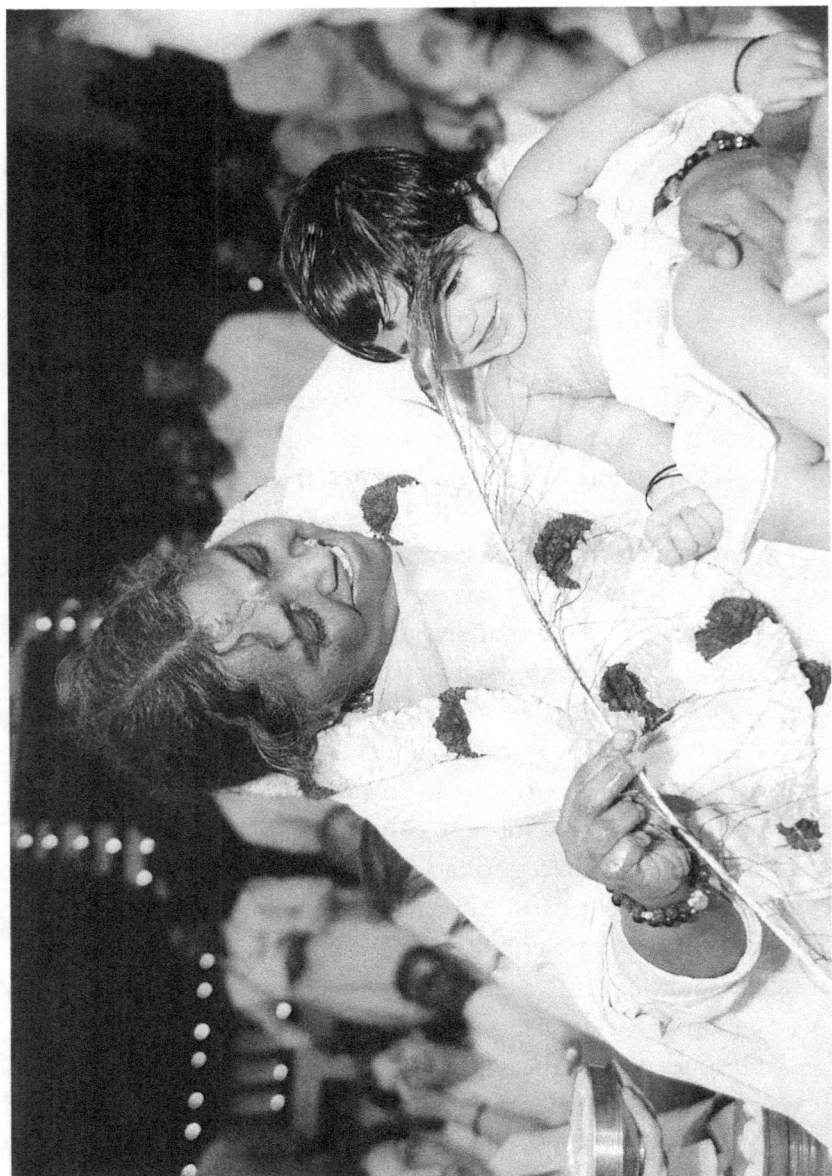

que una mujer les hubiera salvado y, finalmente, Ella contó una divertidísima versión de la historia a todos los demás:

Una chica caminaba casualmente por la colina con una piruleta en la boca. Vio a un loco luchando con unos hombres, caminó hasta el loco, le golpeó con la piruleta y el loco se marchó volando.

En San Ramón, una amable mujer le dio un diploma: Premio a la Heroína de la Piruleta. Pensó que Amma se reiría nuevamente al verlo y se llevó el premio consigo con la esperanza de mostrárselo en algún momento a Amma.

El último día de la gira todo el personal estaba comiendo en el campo con Amma en Boston, justo antes de que Ella regresara a India. Mientras Amma estaba ocupada sirviendo platos de comida, la mujer le enseñó su premio.

Amma le pidió al australiano que contara la historia de cómo había sido rescatado. Cuando acabó, Amma cogió el premio y empezó a contar otra historia:

Había un incendio, y era tan grande y fuerte que estaba completamente fuera de control. Todos los camiones de bomberos temían acercarse a él. Llegaron más camiones procedentes de todas partes, pero ninguno se atrevía a acercarse. De repente, surgiendo de la nada, un camión de bomberos se precipitó hacia el fuego. Esto infundió coraje a todos los demás camiones, que le siguieron. Pronto, pudieron acabar con el fuego. Orgullosos de la valentía del conductor del primer camión, los demás querían darle un premio. Organizaron un gran banquete en su honor y, cuando todo el mundo estaba allí para mostrarle su aprecio, le preguntaron si había algo que pudieran hacer por él. Él contestó: "¡Me gustaría que arreglaran los frenos de mi camión!"

Todos se rieron. Amma cogió, entonces, el diploma y dijo:

¿Es tu premio por esto?

Nadie dijo nada. La Heroína de la Piruleta comenzó a ponerse realmente nerviosa. Su mente regresó a aquella noche y empezó a cuestionarse sus acciones. Entonces Amma se volvió hacia el australiano y dijo:

Te pedí que me contaras tu parte de la historia. ¡La historia del camión de bomberos era para ti!

Entonces se puso a imitar a la mujer que chupaba la piruleta. Movía los ojos hacía arriba y hacia abajo, como una niña, y simulaba que golpeaba al chico malo con la piruleta. Amma y todos los demás se rieron escandalosamente. Miró el diploma durante algún tiempo con una gran sonrisa en la cara y, entonces, dijo ante todos lo valiente que esta mujer había sido. Amma la besó en la cabeza y le devolvió el diploma.

Esta mujer sabía que sólo había sido un instrumento en manos de la Maestra. Ella había actuado, pero su mente había estado completamente tranquila y presente, sin ningún miedo, ansiedad o preocupación. No había pensado en el futuro ni en lo que podría suceder. Los recuerdos del pasado no la habían paralizado impidiéndola actuar. Simplemente, había estado allí, respondiendo con su ayuda, en el momento. Creer que fue ella quien lo hizo todo habría sido un gran error. Había oído antes que cuando alguien logra algo grande realmente se debe a la gracia del *Guru*.

Más tarde, cuando pensó en ello, esta mujer se dio cuenta de que la piruleta fue la verdadera heroína de la historia, porque la piruleta simboliza la inocencia infantil. El hecho de que no hubiera dejado la piruleta —o, mejor dicho que la piruleta no la hubiera dejado a ella- era el verdadero mensaje. En ese estado de inocencia real, dejando al ego atrás, la gracia del *Guru* siempre nos salvará a nosotros y, también, a los demás.

Amma nos recuerda que en este viaje nunca estamos solos. Dios está siempre con nosotros. El amor y la luz de lo Supremo siempre nos guían; pero debemos dejar que Dios nos dé la mano. Para que esto suceda, debemos tener autoentrega. Cuando

tenemos autoentrega, la gracia fluye inevitablemente hasta nosotros y, finalmente, encontramos la verdadera felicidad y la paz
mental.

Una mujer de Sudamérica, que había sido piloto durante
muchos años, me contó un impactante sueño que tuvo con Amma.
Había pilotado aviones 747 y, normalmente, era la copiloto. Solía
pensar que era la que controlaba su vida hasta que tuvo este sueño.
En el sueño, se encontraba sentada frente el tablero de mandos
del avión y se volvía hacia el piloto principal. De repente, se dio
cuenta de que era Amma quien estaba sentada allí al mando.
Amma le sonrió y le dijo:

¡Yo soy la que está pilotando este avión!

Se despertó feliz y aliviada al saber que su vida estaba a salvo
en las mejores manos posibles.

Cuando llegamos a *Lucknow* en la gira del norte de la India
de 2006, Amma estuvo de acuerdo en visitar la casa de un devoto
después que el programa de la tarde hubiera concluido. El propietario de la casa había ganado muchos premios por trabajar con
personas discapacitadas. También había escrito muchos libros
sobre el tema. Uno de sus hijos estaba en silla de ruedas desde
hacía muchos años, desde que tenía diecisiete años. Además de
estar inmovilizado en una silla de ruedas, también tenía graves
problemas respiratorios.

Nos apenamos al ver los problemas de su hijo mayor. Entonces, desde la otra habitación, apareció el segundo hijo. Se acercó
caminando muy lentamente hacia Amma, un paso doloroso tras
otro, ayudándose con un andador. Sufría la misma enfermedad
nerviosa debilitante que su hermano había tenido a la misma edad.
Era impresionante verlos, y cuánto sufrían ambos físicamente.

Amma habló con ellos, preguntándoles a qué hora se levantaban por la mañana. Los dos le dijeron que se levantaban a las
cinco, después de irse a la cama hacia la media noche y dormir

cinco horas. Ambos tenían trabajos fijos. Uno era propietario de una librería y el otro trabajaba en un banco. Los dos trataban siempre de estar muy alegres y ser serviciales con los clientes. Aunque sufrían una grave discapacidad, tenían la disciplina de dormir cinco horas y trabajar tan duro como cualquier otra persona fuerte y saludable. Todos nos quedamos profundamente impresionados por su actitud de entrega a la vida, aunque tuvieran la desgracia de sufrir tanto físicamente.

En una parada que hicimos con Amma para preparar y beber *chai*, días antes, durante la gira, un holandés le contó a todo el grupo que viajaba con Amma su experiencia en el programa de la noche anterior. Había sido una de las personas que ayudaba a controlar a la multitud durante los programas de *darshan*. Al final de los *bhajans* de la tarde, fue rápidamente hacia la parte delantera de las colas de *darshan* para tratar de mantener a la multitud entre las vallas. A menudo, el *darshan* parecía un autobús urbano en hora punta, con muchos empujones y tirones. Normalmente, la jungla inicial tardaba por lo menos una hora en calmarse.

De repente, un hombre de aspecto rudo se paró frente a él:

¿Puedo ir al *darshan*, en seguida? le preguntó.

¿Tiene número?

No dijo el hombre. Soy de la policía.

No llevaba uniforme y el holandés ya había oído cientos de motivos por los que se pedía un lugar al principio de la cola de *darshan*: madres enfermas, enfermedades del corazón, heridas abiertas, niños discapacitados o, simplemente, caras con miradas tristes y suplicantes.

¿Tiene alguna identificación? le preguntó el holandés.

No, pero tengo una pistola dijo el hombre, señalándose la cadera.

Un poco intimidado, el holandés llevó su mano hacia la cadera del hombre para comprobarlo. Allí había, realmente, una gran pistola. En ese momento, empezó a ponerse muy nervioso, pero le dijo, con voz firme:

No, no se puede ir al *darshan* con una pistola.

Y, lentamente, empujé al hombre hacia atrás, queriendo mantenerle alejado de Amma y de la multitud por si hacía alguna locura. Esperaba que el hombre permaneciera tranquilo. Miró a su alrededor buscando a alguien que pudiera ayudarle en esta situación tan delicada.

¿Puedo darle la pistola y después ir al *darshan*? le preguntó el hombre con bastante dulzura.

Sí, puedes darme la pistola le contestó el holandés pensando que de esta manera, al menos, no sucedería nada.

Cinco segundos después sostenía torpemente una gran pistola en la mano. Dijo que nunca había cogido una pistola antes y que no estaba muy seguro de cómo hacerlo. Finalmente, pudo ver a uno de los *swamis* que estaba al mando y lo llamó para que le ayudara con la situación. Esto inició otra larga charla con el hombre al que, finalmente, se le permitió ir al *darshan*.

Entretanto, otros del grupo se dieron cuenta de lo que sucedía y se acercaron para mirar la pistola que el hombre escondía bajo su camisa, como James Bond. Unos cuantos empezaron a hacer chistes, preguntándose, sobre todo, por qué un policía le iba a dar su arma a un extranjero.

El policía regresó de su *darshan* con lágrimas en los ojos. Contó que había viajado más de ciento cincuenta kilómetros en su motocicleta para conocer a Amma. Si no podía ir al *darshan* con una pistola, tendría que ir sin ella. Sabía del riesgo que había corrido: si sus superiores se enteraban de que se había separado de la pistola, perdería su trabajo.

En ese momento, apareció un político local que era bastante conocido en todo el estado y que también era un devoto de Amma totalmente entregado. De hecho, al policía le habían asignado el trabajo de protegerle. Se puso a sermonearle seriamente al policía. El policía parecía sorprendido, pero después empezó a sonreír y finalmente se echó a reír. Dijo:

Me entrego a *Ma*, así que ¡nada puede suceder!

Nadie pudo discutirle esto.

Amma dice que, a menudo, las personas quieren seguir su propia conciencia en lugar de seguir las palabras del Maestro; pero nuestra conciencia está enraizada en pensamientos y en la mente, y éstos arraigados en *maya* y la ignorancia, así que ¿dónde podemos llegar con todo esto? Amma dice: "Confía, simplemente confía en la existencia del *Guru*. Sólo la confianza en un Maestro Perfecto te ayudará a deshacerte del ego y de todos los pensamientos egocéntricos, permitiéndote vivir la vida bellamente y abrazar la muerte con amor".

La belleza que llena nuestra vida se manifiesta en la belleza de la muerte. Pero esta belleza de la vida sólo es posible cuando nos entregamos a un verdadero Maestro. La entrega a un verdadero Maestro es la entrega a toda la existencia.

Capítulo 16

Avanzando espiritualmente

En todo lo que consigues, consigue comprensión.

Proverbios 4:7

Algunos temen que si empiezan a llevar una vida espiritual más profunda será el fin de su libertad. Pero lo cierto es que, cuando empezamos a entregarnos, no se trata del fin sino de un precioso comienzo.

Cuando uno de los devotos se enteró de que se estaba construyendo un *ashram* en California, sintió un fuerte deseo de irse a vivir allí; pero también se preguntaba si era lo suficientemente fuerte espiritualmente para vivir en un *ashram*. Le escribió una carta a Amma diciendo:

Quiero ver a Dios, pero también deseo casarme y tener una familia. ¿Debo trasladarme al nuevo centro de Amma?

Amma le respondió:

– "Amma siente la confusión de su hijo. Toda nuestra vida es una batalla contra nuestras tendencias. Si quieres averiguar si eres lo suficientemente fuerte para la vida del *ashram*, ven e inténtalo. Naturalmente, es posible vivir una vida espiritual si se está casado, pero hay más obstáculos en el camino. Si uno tiene la firme convicción de que todo Le pertenece a Dios, una persona puede seguir cualquier camino que escoja. Sea cual sea el camino que elijas, nunca dudes de que Amma camina contigo, llevándote de la mano, guiándote en cada paso del camino".

Se emocionó mucho con esta carta de Amma y decidió trasladarse a California y ayudar en la construcción del *ashram*. Con el paso de los años se ha dado cuenta de que es cierto que Amma siempre lo lleva de la mano y le guía por la dirección correcta.

Hace años, una devota estaba sentada con Amma sobre un montón de arena en el recinto del *ashram* de Amritapuri. Alguien estaba traduciendo para ella. De repente, le preguntó juguetonamente:

Amma, por favor, dime mi peor defecto.

Amma sonrió un poco, pero dudaba en contestar. La devota insistió en que Amma dijera algo. Finalmente, Amma se atrevió a contestar en voz baja:

Críticona.

La devota se echó a reír y Amma también empezó a reírse. Después, algunos que habían estado mirándolas desde lejos le preguntaron qué había sucedido en aquel momento. Viendo que Amma y la devota pasaban juntas un rato tan bueno se habían sentido un poco celosos.

Reflexionando más tarde sobre ello, supo exactamente por qué se había reído: Amma había dado en el clavo.

Siguió contando la historia:

"Amma me pilló y fue emocionante, absolutamente emocionante. Todo el tiempo ponía mi mano en su hombro para que se lo acariciara. Recuerdo que sentía sus hombros como si fueran los de un jugador de fútbol americano. La acariciaba un poco y después retiraba la mano, porque me sentía un poco rara comportándome tan informalmente con Amma. Pero Ella seguía tomándome la mano y volviéndola a poner sobre su hombro. (Creo que era para suavizar el golpe que estaba a punto de llegar). Entonces, hizo la cosa más tierna, como una madre. Dulcemente me retiró el cabello de la frente, como la madre que nunca he tenido. Fue increíblemente dulce. Y, entonces, dije:

¿Qué más? pensando que podría asumirlo y pidiéndole que continuara. Estaba dudosa y no quería herir mis sentimientos, pero de nuevo insistí:

¿Qué más?

Estaba muy orgullosa, porque podía asumir el ser "criticona", y por eso quería que continuara. Ella me miró, haciendo una mueca de dolor, ya que sabía que no iba a sentirme contenta con lo que venía ahora, pero yo seguía insistiendo. Finalmente dijo:

Envidiosa.

No estaba lista para oír esto. No me veía de esa manera. Realmente no me veía así. De modo que esta vez no me reí. Entonces Ella dijo con dulzura:

¡La Madre sólo está bromeando!

Porque podía ver que era demasiado para mí. En secreto, pensé que estaba equivocada, pero años más tarde me di cuenta de que estaba totalmente en lo cierto. Después de lo de la envidia, me sentía bastante herida, así que le dije:

Dime algo bueno sobre mí.

Ahora sé que decir aquello fue una cosa realmente estúpida. Ella dijo:

No, eso inflaría tu ego y la adulación no es buena.

Finalmente, dijo algo como:

No seas como un bicho que se come las hojas. Sé como una mariposa que vuela dulcemente, llevando alegría a las personas en su breve tiempo de vida."

Amma dice que todas las cualidades de Dios son visibles en las acciones de un *Guru* vivo y que nosotros también podemos lograr esas cualidades. A través de un collar de cristales podemos ver el hilo muy claramente. Del mismo modo, la presencia de Dios se manifiesta tangiblemente en un *Mahatma*. Un *Mahatma* puede actuar como un espejo que nos muestra nuestra propia naturaleza verdadera en su estado más puro.

Una joven que había sido recientemente abandonada por su marido vino a ver a Amma. Dijo que no existía ninguna razón en absoluto para que él la hubiera abandonado. Llorando en el regazo de Amma, creía que no había cometido ningún error. Amma le dijo que tenía que haber algo que había hecho infeliz a su marido, pero la mujer estaba segura de que no había nada. Al final, Amma dijo que un marido quiere todo el amor de su mujer y que ella no se lo había dado. La joven estaba estupefacta, pero ahí tuvo que terminar la conversación porque su tiempo de *darshan* había terminado y debía irse para dejar sitio a la siguiente persona.

Más tarde, reflexionando profundamente sobre lo que Amma le había dicho, acabó comprendiendo lo que había sucedido. Recordó que el marido de su hermana había muerto unos cuantos años antes y que ella la había ayudado a cuidar al bebé, bañándolo, dándole de comer y vistiéndola. Al pasar tanto tiempo con el bebé, le había cogido mucho cariño. Después de casarse, todavía pensaba mucho en la criatura y hablaban muy a menudo por teléfono.

Ahora entendía lo que Amma le había querido decir realmente, que no le había dado todo su amor a su marido. Se había olvidado de todo el amor, tiempo y atención que le había dado, inconscientemente, a ese bebé,. Esta revelación le llegó de repente, pero con la gracia de Amma se dio cuenta de la razón por la que su marido la había dejado. Amma entiende sutilmente nuestras deficiencias y la forma en la que éstas se manifiestan en nuestras relaciones con los demás. Amma es verdaderamente la Omnisciente.

En la primavera que siguió al tsunami, Amma invitó a varios miles de niños a dos campamentos de cuatro días en el *ashram*. Un hombre que vive en el *ashram* había estado comentando, esa misma mañana, que apenas podía cuidar de sus dos hijos y que no podía imaginarse teniendo más. Por la noche, se enteró de que sería personalmente responsable de cien niños. A los *brahmacharis* que vinieron al *ashram* para escapar de la vida familiar también se les asignaron cien niños a cada uno. No podemos escapar totalmente de algunas cosas de la vida –algún *prarabdha* específico–, vayamos donde vayamos.

Durante los campamentos, todos nos vimos asediados por el número de niños que correteaban por el *ashram*. Rompían los tiestos de las plantas y encerraban a algunos residentes en sus habitaciones. Hacían aviones de papel y los arrojaban por los balcones. Por la noche, organizaban luchas de almohadas en sus habitaciones y, después de romperlas, esparcían el relleno por todas partes. Fueron como un segundo tsunami.

En los *bhajans*, aplaudían cada vez que Amma llegaba y se marchaba y entre cada canción, sin importar cuántas veces les hubieran dicho que no lo hicieran. Su sonoro aplauso reverberaba como un trueno, ahogando la música. Enormes grupos de niños se levantaban para ir al baño cada pocos minutos, molestando a quienes estaban allí tratando de concentrarse. Crearon toda clase de confusión. Aunque para la mayoría de nosotros fue difícil adaptarnos a este caos, Amma quería que los niños que habían pasado por momentos tan difíciles sintiesen en el *ashram* libertad y alegría. Quería que superaran el trauma que habían sufrido y que desarrollaran un sentimiento de cercanía con Amma y el *ashram*, por lo que Ella no era demasiado estricta con ellos.

Aunque los niños parecían incontrolables, estaban bajo la protección de Amma. Ella pidió que los niños recibieran clases de natación para ayudarles a vencer el miedo al agua. Un día, una mujer que estaba dando clases de natación a los niños sintió un incontenible deseo de acudir antes a la piscina. Cuando abrió las puertas del área de la piscina, vio un pequeño cuerpo flotando boca abajo en el agua. Saltó inmediatamente al agua y sacó al pequeño. Siendo una mujer de grandes proporciones, normalmente tenía problemas para salir ella misma del agua; pero, por fortuna, salió del agua fácil y rápidamente, sacando al niño de la piscina. Comenzó a hacerle la respiración artificial y el niño fue trasladado al hospital.

Se recuperó sumamente rápido. Resultó que este travieso niño había trepado por la pared de la zona cerrada y había saltado al agua, aunque no sabía nadar. Por suerte, esta mujer había llegado allí justo a tiempo y el niño estaba a salvo.

Más tarde contó que no había habido ninguna razón para llegar antes a la piscina ese día, pero que se sintió irresistiblemente forzada a levantarse de donde estaba sentada y correr hasta allí. Sintió claramente que era la divina intervención de Amma la que la había llevado a la piscina justo a tiempo para salvar al niño.

Durante los cuatro días de campamento, Amma les daba a los niños la posibilidad de hablar con Ella en una sesión de preguntas y respuestas. Un niño le dijo:

Amma, por favor, perdónanos, hemos sido muy traviesos. ¿Nos bendecirá todavía Amma aunque hayamos hecho aquí tantas cosas terribles?

Amma contestó encantadoramente:

Por supuesto que tenéis las bendiciones de Amma. No es verdad que hayáis sido tan malos. Amma era mucho más traviesa cuando era pequeña.

Amma entendía profundamente las diferentes capas de conciencia que había que atender en estos niños. Podrían haberse sentido abandonados, habiéndolo perdido todo, pero en lugar de eso ganaron mucho por medio del compresivo amor de Amma. En un nivel muy profundo, Amma les estaba sacando del trauma por el que habían pasado. Estaba tratando de crear una base sólida de amor y apoyo desde el *ashram* para guiarles con seguridad en su viaje por la vida.

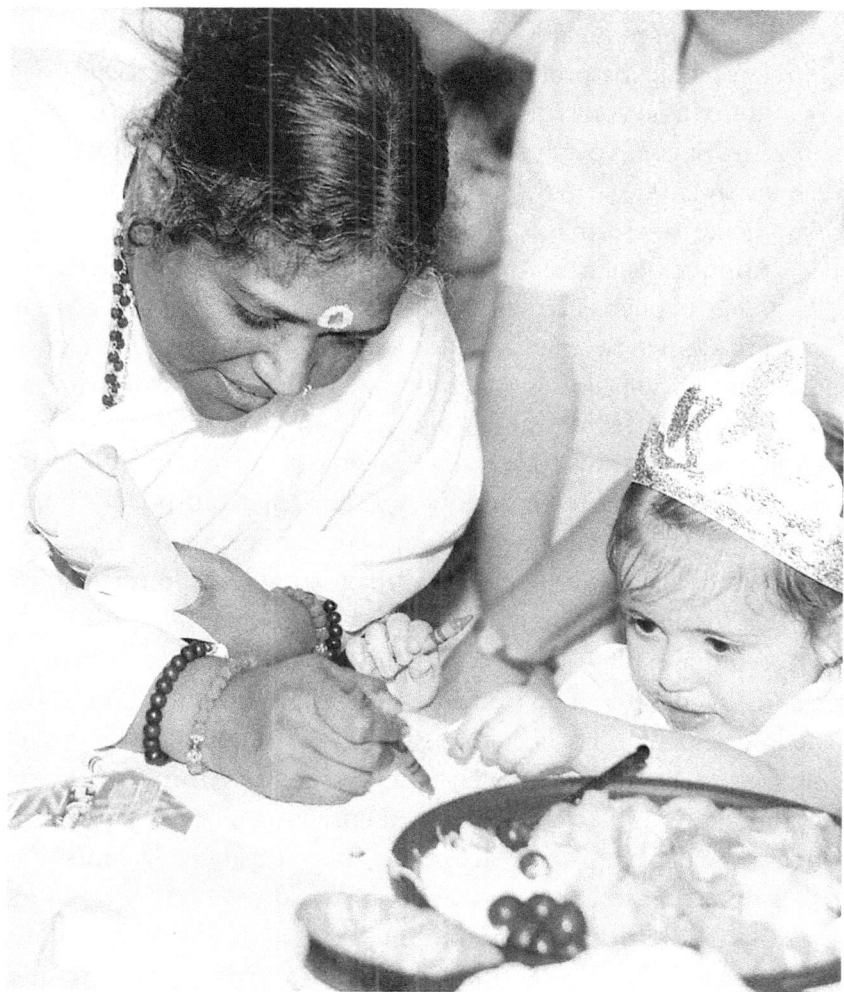

Cuando nos alejábamos de *Trichy*, al final de un programa en el sur de la India, a principios de 2007, Amma se percató de que había algunas cabañas construidas a lo largo de la carretera, cerca de la autopista. Mencionó lo triste que se sentía cuando veía a personas viviendo en cabañas con techo de paja. Siempre le recordaban los problemas que vio cuando crecía. Dijo que, cuando ve a personas viviendo así, sueña con que todo el mundo en India pueda tener, al menos, una pequeña casa de dos habitaciones en la que vivir y, por lo menos, una buena comida al día para llenar su estómago.

Aunque tienen una vida difícil, las personas que viven en las aldeas pequeñas tienen la actitud de dar todo lo que poseen cuando alguien necesitado acude a ellos. Normalmente sólo pueden dar comida. Por eso, cuando hay invitados en casa siempre serán bien alimentados. Los aldeanos no piensan en guardarse nada para sí mismos para el día siguiente y, normalmente, llevan una vida precaria. Pero aunque puedan tener tan poco, siguen dando lo que pueden para ayudar a los demás. Amma ha dicho que nunca nadie murió de hambre en su aldea. De una u otra forma, los aldeanos siempre se cuidan mutuamente.

Amma explicó que los aldeanos, aunque puedan ser muy pobres y tener sólo unas pocas posesiones, se enorgullecen mucho de lo que tienen. En la cocina, sus cacharros de metal están tan limpios que brillan como un espejo. Cuando Amma crecía, su madre era muy estricta con Ella al enseñarla a cocinar. No permitía que ni una pizca de ceniza del fuego cayera en la comida y, si esto no era así, la reprendía por su falta de cuidado.

La madre de Amma siempre tenía la actitud tradicional de recibir a los invitados y ofrecerles todo lo que pudiera, aunque ello significara que el resto de la familia pasaría hambre. Esta generosidad era natural para ellos. No era algo que tuviera que ser cultivado en los aldeanos antiguos.

Incluso ahora, cuando las personas pobres vienen a Amma para el *darshan*, por muy indigentes que puedan ser siempre le ofrecerán un chal o una *dhoti*, ya que lo que desean es abrir sus corazones dándole alguna cosa a Amma. Algunos, si han logrado tener dos juegos de ropa, querrán darle uno a Ella, sin importarles lo poco que puedan tener.

Como Amma creció en la aldea, tiene el punto de vista de una aldeana, siempre queriendo dar, sin pensar en ahorrar nada para el día siguiente. Por eso, cuando el tsunami golpeó, Amma quiso dar todo lo que tenía. No eligió quedarse con parte para el futuro. Prometió veintitrés millones de dólares, más incluso de lo que tenía, ya que confiaba en que podría inspirar a sus hijos para trabajar duro y recaudar lo que fuera necesario para cubrir el déficit.

En 2007 Amma fue invitada a participar en una reunión con el primer ministro de *Maharashtra* y altos funcionarios del gobierno para aconsejarles sobre el modo de reducir el reciente incremento de suicidios en el país. El gobierno se dio cuenta de que, además de lo que ellos podían ofrecer, la gente necesitaba consejo espiritual; por eso buscaron a Amma para que los aconsejara. No le pedían a Amma ayuda económica, pero su compasión por los que sufren era tal que, espontáneamente, ofreció una ayuda valorada en cuarenta y cinco millones de dólares. Ella se encarga de que se proporcione asistencia en toda India y que se ayude a los que se hallan en las zonas afectadas. Cuando la necesidad se presenta por sí misma, Ella no puede evitar el tratar de ayudar.

Amma se siente desesperadamente triste cuando ve que la actitud inocente de los aldeanos se está perdiendo en la actualidad. La actitud de los aldeanos es muy diferente a la de las personas con dinero. Los aldeanos contribuyen con todo lo que tienen cuando hay necesidad, a diferencia de los ricos, que a menudo piensan que no tienen suficiente y siempre quieren acumular más, hasta el final de su vida. Da igual lo increíblemente ricos que puedan ser: todavía tienen un hambre insaciable, anhelando más y más. No se sienten satisfechos ni en la tumba, siempre pensando en el mañana y en cuánto pueden conseguir para ellos mismos.

Las llamas de un fuego pueden extinguirse fácilmente, pero la llama del deseo interminable nunca puede apagarse. Anhelar sin fin lo que nunca nos hará felices es una trágica pérdida de nuestra preciosa energía vital.

En Japón, una mujer me confió que ya no encontraba ninguna satisfacción en la vida y que ésta parecía estar llena de un estrés interminable. Cuando le aconsejé que tratara de buscar una meta en la vida, se sorprendió mucho, porque nunca había pensando en ello. Si no tenemos un objetivo en la vida, podemos acabar teniendo una vida vacía. Dando vueltas en el ciclo de *samsara*, nuestra mente oscila como un péndulo, del dolor a la alegría. Amma nos asegura que si oscila en una dirección, está garantizado que después lo hará en la otra.

Amma insiste en que, para encontrar la paz, debemos aprender a tener la mente bajo control y que, para hacerlo, necesitamos la gracia. Para lograr esta gracia tenemos que realizar buenas acciones.

Todo el mundo busca encontrar un poco de alegría y de paz mental a la que aferrarse en la vida. Lo normal es que no busquemos exactamente en el lugar adecuado. O, cuando lo encontramos, a veces no tenemos la actitud adecuada.

Hace muchos años, cuando mi padre todavía vivía, decidió que quería visitarme en el *ashram* en India. Tenía setenta y tantos años y, al parecer, quería más de la vida. Yo pensaba que quizás sintiera que se estaba perdiendo algo a medida que se acercaba al final de su vida. Sabía que yo había encontrado algo muy extraordinario en mi vida y él quería experiméntarlo por sí mismo. Así que decidió hacer las mismas cosas que yo había hecho en mi vida y que me acabaron trayendo hasta Amma.

Yo había viajado sola por Asia durante varios años antes de venir a vivir con Amma. Él decidió que también lo haría. Viajó exactamente a los mismos lugares donde yo había estado, también solo. Pero, de alguna manera, a su edad no tuvo las mismas experiencias que llevan a un cambio de rumbo en la vida.

Cuando llegó a la India, vino al *ashram* a conocer a Amma. Tendió su mano para dársela a Amma; probablemente la primera persona en el mundo en darle la mano. Tengo que admitir que me sentí muy avergonzada en aquel momento; pero, recordándolo ahora, puedo comprender su inocencia, ya que no sabía nada sobre postrarse o saludar a un Santo.

Después de darse la mano, Amma le agarró muy rápidamente y lo abrazó a su propio estilo afectuoso de dar la bienvenida. (Creo que fue su turno de sentir un poco de vergüenza.) Después, también le dio la mano a la madre de Amma, haciéndola reír como a una niña pequeña. Fue una escena bastante divertida: mi padre allí con Amma, en la India, con el sombrero de granjero australiano que siempre llevaba.

Mi padre se quedó dos semanas en el *ashram*, pero nunca pudo realmente entender el significado profundo de la vida que yo había encontrado en la presencia de Amma. Dijo que era demasiado mayor para cambiar. Pero viendo que yo estaba contenta y que había encontrado algo que le daba una verdadera finalidad y significado a mi vida, se sintió muy feliz. Aprendí de su experiencia que podemos realizar las mismas acciones que otro, paso a paso, pero, hasta que el corazón se abre y el ego se derrite, no podemos encontrar la verdadera paz mental.

En el otoño de 2006, pasamos la noche en el *ashram* alemán de Amma, de regreso de Estados Unidos. Amma llamó al grupo de personas que estaba pasando frío en el exterior, tratando de verla, para que entrara y se sentara. Había nevado y yo estaba junto a la puerta, dejando entrar a todo el mundo, hasta que llegó el último: un perro. Le dije:

Lo siento, ¡tú no!

Pero Amma insistió en que el perro también pasase. Me preocupé por las patas embarradas pisando la alfombra, pero a Amma no le importaba.

Amma preguntó por su nombre. Era "Lucky" ("Afortunado"). Le llamó por su nombre varias veces y se interesó por él, ya que podía ver que no se encontraba bien. Dijo que los perros sólo saben dar amor incondicional, sin importarles lo que les hagamos. Podemos hablar y reírnos, pero ellos siempre se sentarán en alerta y harán su trabajo de protegernos. De hecho, han absorbido la esencia de la espiritualidad, el amor incondicional, más aún que los seres humanos.

Algunos se preguntan cómo saber si están avanzando espiritualmente. Amma dice que cuando nos hacemos más expansivos, cuando desarrollamos más paciencia y compasión y sentimos menos ira hacia los demás, esto muestra que hay un crecimiento espiritual. Del mismo modo, si podemos mantener un estado mental ecuánime independientemente de lo que nos traiga la situación exterior, sabremos que estamos avanzando en el camino. Éstas son las cualidades que tenemos que alcanzar, y por eso debemos concentrarnos en cultivarlas en lugar de concentrarnos en otras experiencias que pueden producirse durante la *sadhana*.

La vida espiritual está destinada a purificarnos, en especial a purificarnos mentalmente. Pensamos que la contaminación sólo existe en el mundo exterior, pero en realidad la mayor cantidad de contaminación reside en nuestro interior.

El mundo exterior sólo es un reflejo de nuestro mundo interior. La negatividad que expresamos mediante nuestros pensamientos, nuestras palabras y nuestras acciones es más poderosa que cualquier clase de contaminación medioambiental. Éstos son, de hecho, el veneno más mortal. Para afrontar los retos de la vida moderna, debemos redescubrir la fuerza interior purificadora de la espiritualidad.

Capítulo 17

La luz en la oscuridad

En este mundo oscuro, alguien ha encendido una vela.
En lugar de quejarte de la oscuridad, sigue la luz.

— T. Ramakrishnan

Amma dice que, cuando el dolor llega a la vida, debemos tratar de ir hacia el interior y atravesar la superficie de nuestras experiencias para descubrir la causa. El dolor revela la verdadera naturaleza del mundo. Debemos tratar de comprender que nadie puede amarnos más de lo que se aman a sí mismos. Nadie nos apoyará para siempre. Entender que Dios es nuestro único refugio nos ayudará a desapegarnos en la vida. Podemos amar a otros; pero, si nos apegamos demasiado, siempre nos causarán dolor.

Dios nos ha dado la libertad de reír o llorar. Incluso cuando estamos completamente rodeados de oscuridad, debemos esforzarnos por mantener la luz interior brillando con fuerza. La gente tiende a afrontar las tragedias de manera muy distinta. Algunos pueden utilizar los incidentes trágicos para cambiar la forma en la que viven. Casi se ven obligados a dejar sus malos hábitos y llevar una vida más recta y orientada al servicio. Otros pueden seguir dándole vueltas a un acontecimiento difícil y utilizándolo como una excusa para escapar de la vida, echándole la culpa de todos sus fracasos.

En realidad, todo problema es una pequeña semilla que tiene la capacidad de brotar y convertirse en algo bonito. Debemos aprender a utilizar las situaciones adversas de la vida para crecer.

Cuando Thomas Edison tenía sesenta y siete años, perdió todo el trabajo de su vida en un incendio de su fábrica, que no estaba asegurada por mucho dinero. Vio su trabajo de toda una vida evaporarse con el humo. Aún así, trató de mirar el lado positivo de las cosas, dándose cuenta de que todos sus errores también habían quedado completamente destruidos. Dijo: "Gracias a Dios, ahora podemos comenzar de nuevo". Tres semanas después de este desastre, todavía tuvo suficiente entusiasmo e inspiración para retomar su trabajo. Fue en esta época cuando inventó el fonógrafo.

En 2002, los ancianos tribales de una pequeña aldea de Paquistán ordenaron la violación de una joven musulmana. La violación quería restaurar el honor de su familia, después de que el hermano de la joven hubiera sido acusado de haber estado con una chica de una tribu rival. En su país, la mayoría de los delitos contra las mujeres no reciben castigo. Ella rompió su silencio y no sólo presentó cargos sino que llevó su caso hasta el más alto tribunal del país. Cuando sus atacantes fueron declarados culpables, se extendió la alarma por todo el país. Utilizó la compensación monetaria que el gobierno le dio para construir escuelas en su aldea.

Ahora, las mujeres de todo el país la ven como un símbolo de la esperanza en el ámbito de los derechos de la mujer. Esta mujer tímida y sin estudios podría haber dejado que el giro cruel e inesperado del destino la destrozara. En cambio, utilizó su desgracia para tratar de superar la dureza de su cultura y ayudar a otras mujeres. Necesitó una fuerza y un coraje inconcebibles para denunciarlo. Recibió el premio "Mujer del Año" de la revista Glamour, de la que nunca había oído hablar. Utilizó el dinero del premio, veinte mil dólares, para ayudar a las víctimas del terremoto de Paquistán y a otras mujeres que habían pasado por experiencias similares. Afrontó su miedo y lo convirtió en algo que podría ser la salvación de muchas otras mujeres.

Cuando una vez le preguntaron a Amma por qué decía que el dolor es el mayor Maestro, Ella respondió:

Yo siempre consideré el dolor como la luz en la oscuridad. Millones de personas en el mundo están deprimidas porque son incapaces de enfrentarse con el dolor; pero, cuando ese dolor o tristeza se vierte hacia una realidad superior o Dios, se transforma en pura energía de amor. En toda vida habrá una dosis de sufrimiento, pero la verdadera finalidad de la espiritualidad es aprender a afrontar el sufrimiento con gracia, tranquilidad y una actitud positiva. Para tener la mente bajo nuestro control necesitamos la ayuda de la gracia. Y para recibir la gracia tenemos que realizar buenas acciones.

Estamos aquí, en este planeta, para aprender y progresar espiritualmente. Cada situación de la vida puede enseñarnos algo importante. Cada experiencia que nos llega es el resultado de nuestro *karma*. Cuando en la vida se presentan pequeñas dificultades, de alguna manera tenemos que perseverar y tratar de trabajar por medio de ellas. Si tratamos de desarrollar la actitud de entrega, de alguna forma obtendremos la gracia necesaria para superar cualquier obstáculo.

En un programa en *Kerala*, muchos devotos se sentían tristes porque un *brahmachari* se negaba a dar más números para ver a Amma. Ya era más de media noche y consideraba que Amma debía descansar un poco, después de tantas horas de *darshan*. Creía que Ella no debía seguir viendo a más personas interminablemente, especialmente cuando habían llegado tan tarde por la noche.

Amma pensaba todo lo contrario. Sabía lo tristes que estarían esas personas si no recibían su *darshan*. También sabía que este *brahmachari* tendría que sufrir el peso de algún mal *karma* por hacer experimentar a estos devotos la desesperación y la tristeza de no haber recibido el *darshan* de Amma. Para aliviar este *karma*, le pidió que recogiera y limpiara cien pares de zapatos de los devotos. Consiguió unos quince pares y los limpió con entusiasmo. A la mañana siguiente, reunió y limpió otros cien pares más de zapatos. Algunos pensaban que era vergonzoso ver a alguien de su posición limpiando zapatos de otras personas y acudieron a Amma para decirle lo que pensaban. Sintiendo compasión por él, Amma le dio, finalmente, permiso para parar. Sin embargo, dejó bastante clara la idea de que por cada acción hay una reacción, y por eso debemos ser extremadamente cuidadosos al tener en cuenta los sentimientos de los demás. Si nuestras acciones hieren a otros intencionadamente, tendremos que afrontar las consecuencias en el futuro.

En todo el mundo, innumerables personas están sufriendo intensamente. Unos tienen cáncer, otros pierden a sus familias, millones sufren de problemas mentales. Debemos estar agradecidos de que, en comparación con otros, experimentemos relativamente poco sufrimiento. Con este pensamiento en la mente, debemos estar agradecidos por todo lo que tenemos y tratar de ayudar a los demás en lo que podamos.

En sus primeros años, Amma presenció un sufrimiento muy intenso a su alrededor; sintió profundamente la agonía de la miseria de otras personas. Estas experiencias le hicieron comprender la naturaleza efímera del mundo. Viendo el mundo de esta manera, Amma quería marcharse de él. A veces, estaba tan enfadada por la crueldad del destino que se mordía el cuerpo hasta sangrar. Sintiéndose atormentada por tanto sufrimiento sin sentido, se tiraba del pelo. Como en un acto de martirio, quería incluso arrojarse al fuego y extinguir su propia existencia para, de alguna manera, detener el dolor de la vida.

Gritaba a la naturaleza: "¡No quiero ver todas estas cosas!" A veces hablaba en un idioma desconocido para los demás. Amma decía que a su boca llegaban palabras groseras que no se entendían. Era un idioma ininteligible y diferente al hablado por los mortales terrestres. Brotaba espontáneamente de su interior y, de esta forma, reñía fieramente a la naturaleza. Con todos estos intensos sentimientos de angustia por el sufrimiento de los demás, se apartó del mundo y se fue profundamente al interior de su propio corazón. Su propia alma sufría por encontrar la paz.

Amma siempre rezaba por no tener ni un solo segundo de egoísmo en su vida, y le pedía a Dios que La castigara si alguna vez lo tenía. Le gritaba a Dios que Le diera la visión para ver a todos como a su propio Ser. Dice que por ello, en la actualidad, no es capaz de sentir la diferencia entre los hombres y las mujeres. En esa visión sagrada, ve a todos como Uno. Quizás no podamos lograr ese estado de ver a todos como Uno, pero cultivando la compasión por los demás, podemos empezar a vernos a nosotros mismos en ellos.

Sólo una persona que haya pasado por experiencias dolorosas entenderá las penas de otra. Cuando tenemos conciencia, todas las experiencias, buenas o malas, contienen una lección para nosotros.

Un día llamaron a una mujer, que siempre era de muchísima ayuda para todo el mundo, para que ayudara a un vecino enfermo. Mientras se encontraba fuera, uno de sus hijos murió en un accidente doméstico. Aunque la muerte fue trágica, la mujer consiguió, de alguna manera, aceptar esta crueldad del destino.

Dos meses después llevó a sus dos hijos pequeños y al hijo de una amiga de excursión a la playa. Mientras preparaba la comida para todo el mundo, se apartó de los niños durante un corto periodo de tiempo y uno de sus hijos pequeños se alejó. Lo buscó por todas partes, pero no pudo encontrarlo. Un grupo de

búsqueda trató de encontrar al niño, pero fue en vano. El cuerpo no apareció hasta el día siguiente.

La joven madre estaba absolutamente destrozada después de perder a dos hijos. No era capaz de entender cómo Dios podía castigarla de esa manera. Lloró desde lo más profundo de su corazón con un sacerdote de su iglesia, preguntándole por qué estaba siendo castigada así. El sacerdote le aseguró que no era un castigo de Dios, sino que todo sucede por una razón específica que quizás nunca podamos llegar a entender, pero que tenemos que tratar de aceptar.

Pero, ¿qué finalidad podría tener esto? preguntó entre lágrimas.

El sacerdote se detuvo un momento y, después, dijo:

¿A quién acuden todas las personas de nuestra iglesia cuando se enfrentan con penas o problemas?

Lo pensó durante un rato y dijo:

Vienen a mí.

Exactamente dijo el sacerdote con una sonrisa. Ves que no se trata de que Dios quiera castigarte, sino que ahora, cuando tú misma has experimentado tanta tristeza y has sobrevivido, serás capaz de consolar a otros que tienen que pasar por tragedias y penas parecidas en sus vidas.

Esta respuesta le ayudó a encontrar paz.

Una familia vino a Amma con su hijo que padecía lepra. Sus pequeños dedos estaban siendo consumidos por la enfermedad. Apenados, le pidieron a Amma si podían plantearse hacerle la eutanasia al niño, ya que creían que no había esperanza de que sobreviviera o llevara una vida digna. Amma les dijo que nunca debían pensar eso. Si ahora trataban de escapar de la situación, tendrían que nacer de nuevo y afrontar el mismo problema. Su destino consistía en aprender a sentir compasión por el niño y afrontar este dolor y este sufrimiento, igual que sufrir también era el destino del niño.

Las dificultades no llegan para destrozarnos sino sólo para forzarnos a sacar el potencial que reside en nuestro interior. Si aprendemos a ser pacientes, acabaremos llegando a la felicidad y la paz. El sufrimiento puede ayudar realmente a purificar la mente de un devoto. No debemos tratar de escapar de las situaciones, sino aprender a afrontarlas con la actitud correcta.

En Australia tengo una amiga de la infancia con la que mantengo contacto y de la que recibo una carta cada cierto tiempo. En 2005 me envió una carta para contarme lo que estaba pasando en su vida. Le habían diagnosticado un cáncer de pecho invasivo y había acudido a toda prisa al hospital para someterse a una operación de extirpación del pecho. Llevaba varios meses de quimioterapia. Algunas personas habrían tenido muchas y buenas razones para sentirse deprimidas y quejarse por esta situación. Ella, en cambio, me escribió lo siguiente:

Bueno, como estoy con la quimioterapia y se me ha caído todo el pelo, ahora puedo llevar peluca. La verdad es que mi peluca es un trescientos por ciento más atractiva que mi verdadero pelo, así que estoy muy entusiasmada con la peluca. Parezco diez años más joven: ¡esto no es normal para alguien que está con quimioterapia! Además, si llevas peluca no tienes que lavarte y secarte el pelo, y con eso te ahorras una media hora diaria de preparativos. Estar calva te permite nadar más rápido. Se ahorran cientos de dólares en tinte para el pelo, cortes de pelo, champú… de modo que el hecho de estar calva tiene muchas cosas positivas.

Sin embargo, la semana pasada aprendí que no se debe montar en bicicleta de montaña con peluca. Cuando pasas entre los arbustos, las ramas que cuelgan te quitan la peluca y acabas lanzada entre los arbustos completamente calva. Entonces, el perro ve la peluca (y, bueno, a los perros simplemente les encanta jugar con las pelucas) y te pasas el resto del día persiguiendo al perro que se llevó tu peluca!

Me sentí muy orgullosa de que, a pesar de todo ese sufrimiento, todavía pudiera ver lo mejor de la situación y de que, con una actitud de entrega, convirtiera su dolor en risa.

Las penas pueden ayudarnos a volvernos hacia el interior. Cuando alguien a quien hemos amado se vuelve contra nosotros, debemos reorientar lentamente nuestra atención hacia el interior y comprender que ésa es la naturaleza del mundo. En esos momentos recordamos más fácilmente que Dios es nuestro único refugio.

Cuando pasamos por experiencias dolorosas en la vida podríamos tender a reaccionar contra los demás, siendo hirientes y enfadándonos. Debemos, por el contrario, dirigir nuestro dolor hacia Dios. De la misma forma que una ostra utiliza un doloroso agente irritante para crear una preciosa perla, nosotros también podemos crear algo valioso a partir de una experiencia dolorosa.

Cuando el marido de una devota india murió inesperadamente, ésta decidió viajar a América para pasar más tiempo con su hija que vivía allí. Poco después de llegar a América descubrió que tenía que operarse de cataratas. Estaba muy disgustada por tener que hacerse esta operación en un país extranjero, pero Amma la llamó justo antes de la operación y le dijo que no se preocupara, que Ella estaría con ella durante todo el proceso. Durante la operación tuvo una visión de Amma en *Devi Bhava*, llevando un precioso *sari* verde. Se sentía muy tranquila al saber que Amma realmente estaba allí con ella.

Después de la operación, su hija y su yerno la llevaron de regreso a su apartamento. La dejaron allí y se marcharon a trabajar, tristes por dejarla sola, pero sin mucha elección. Poco después de que se hubieran marchado, la mujer olió a rosas y jazmín aromáticos y pensó en Amma. Se volvió y se quedó atónita al ver a Amma en el apartamento. Amma llevaba su *sari* blanco y una *mala* de jazmín adornaba su cuello. Pasó toda la tarde con ella. Caminaron juntas por el apartamento, hablando de la operación y de otras cosas.

Finalmente, llegó la hora de que su hija y su yerno regresaran a casa. Le suplicó a Amma que se quedara un poco más, ya que sabía lo felices que serían al verla, pero Amma dijo que tenía que marcharse. Entonces le preguntó si podría dejar allí la *mala* de jazmín para probar que había estado, pero Amma dijo nuevamente:

No, me tengo que marchar.

Y, entonces, desapareció.

Esta mujer estaba contentísima porque Amma hubiera venido a pasar ese rato con ella. Incluso cuando se sometió a la operación de ojos, sus claras visiones de Amma la acompañaron durante las dificultades del proceso y el tiempo posterior de recuperación.

Amma es la verdadera luz en nuestra oscuridad, que ilumina nuestro camino con la verdad y el amor y nos ayuda en los momentos más difíciles de nuestra vida. Por nuestra parte, debemos recordar derramar nuestras penas sólo en Ella, sabiendo que Ella es nuestro único refugio.

Capítulo 18

La Madre de todos

Hay un Poder original en este universo. Veo ese Poder como mi Madre. Incluso si escojo nacer de nuevo cien veces, Ella seguirá siendo mi Madre y yo seré su hija.

—Amma

Un sondeo realizado en cien países no anglófonos preguntaba cuál era su palabra favorita en inglés. Cuarenta mil personas devolvieron esta encuesta y la palabra más popular fue "madre", la palabra más dulce de todas.

Una mujer no se convierte en madre simplemente dando a luz. Incluso un hombre puede convertirse en madre si personifica las cualidades protectoras de una madre. Sólo si se educa a los hijos inculcándoles los valores y la cultura adecuados, se convierte uno en una verdadera madre. Tradicionalmente, una madre es la que cuida a los hijos: manteniéndolos, guiándolos en el camino de la vida y ofreciéndoles paz y consuelo.

Amma dice que su maternidad se despertó de forma espontánea respondiendo a las personas que venían a Ella. Como niños inocentes, la buscaban para solucionar sus problemas.

La llamaban su "Madre", y por eso Ella los vio como a sus hijos. Viéndose a sí misma como la Madre de todos, empezó a abrazar a la gente y a escuchar sus problemas. Igual que la dulzura es la naturaleza propia de cualquier fruta, la maternidad, la corriente de compasión, es la naturaleza propia de Amma.

Con frecuencia, los periodistas le preguntan a Amma qué es lo que siente cuando abraza a las personas que llegan a Ella. Amma contesta:

No es un simple abrazo, sino un abrazo que despierta principios espirituales. Es una experiencia muy pura. Veo en la gente un reflejo de mí misma. Cuando miro a la gente, me convierto en ellos y siento sus penas y sus alegrías. Nos encontramos en el nivel del amor.

En el mundo actual hay muchas personas que quieren herir a otros y tratar de obtener cosas solo para sí mismas; pero Amma está inspirando a millones, en todo el mundo, a ayudar, amar y servir a la humanidad.

Incluso después de haberlo logrado todo, como Amma, Ella no se queda inactiva, regocijándose en el éxtasis supremo. Amma utiliza cada minuto de su vida para servir a los demás. Cada acción de un alma con conciencia de Dios se convierte en una bendición para el mundo, sin importar dónde se encuentre.

Igual que las abejas son atraídas por la fragancia dulce de una flor, Amma siempre atrae a las personas hacia Ella, donde quiera que esté. A veces, cuando queremos detener a quienes corren tras Ella o a quienes se empujan para entrar con Ella en los ascensores, Amma nos reprende. Dice: "Es tan precioso poder dar a alguien aunque sólo sea un segundo de felicidad en esta vida. ¿No debemos sencillamente hacerlo si tenemos la posibilidad?"

Un conocido actor de cine indio visitó a Amma una noche mientras estábamos en *Mumbai*. Cuando entró en la habitación, fue directamente hacia Amma y comenzó a masajearle los hombros, los brazos y las rodillas, cada parte de su cuerpo durante unos segundos. Me sentí bastante ofendida por esta exteriorización despreocupada con Amma. Pero normalmente Amma ve las cosas de forma diferente a nosotros. Cuando más tarde hice un comentario sobre su informalidad, Amma no estuvo de acuerdo.

Dijo que era alguien que, realmente, sabía dar masajes y que pudo percibir lo cansada que estaba Amma. Viéndola como su madre y desde su amor inocente por Ella, espontáneamente le masajeó los hombros para tratar de hacerla sentirse mejor. El corazón de una madre siempre ve lo mejor en sus hijos.

Un devoto vino a ver a Amma por primera vez en 1986. Oyó hablar de Amma en su ciudad natal de *Mumbai* y cuando estaba visitando *Kerala* decidió coger un autobús para verla. Viajaba con su hijo. En el autobús, un hombre que se sentaba junto a él le preguntó dónde iba. Cuando el hombre se enteró de que iban a ver a Amma, empezó a hablar en contra de Ella, diciendo que era una agente de la CIA y dándoles toda clase de desinformación.

El nuevo devoto comenzó a asustarse un poco y pensó que quizás alguien estaba tratando de burlarse de él enviándole a conocerla. El hombre siguió hablándole. Le dijo:

Un amigo mío conoció a Amma y, desde el momento en que la conoció, ¡lo dejó todo y ahora va a verla continuamente!

Cuando oyó esto, se dio cuenta de que, probablemente, algo no iba bien con aquel hombre del autobús y no con Amma.

Cuando él y su hijo llegaron al *ashram*, se encontraron con que Amma estaba dando *darshan* en el *kalari*. Tuvieron un *darshan* maravilloso y se quedaron a pasar la noche. A la mañana siguiente Ella le llamó y le dio una semilla de *rudraksha,* y también otra para su hijo. Cuando se estaban preparando para marcharse, su hijo le dijo en voz baja:

Amma debería habernos dado dos más para mis otros hermanos.

Su padre le dijo que no era correcto regresar y pedirle dos más. De repente, Amma les llamó de nuevo y le preguntó al niño:

¿Cuántos hermanos tienes?

Él contestó:

Dos.

Se dio cuenta de que Amma ya tenía dos *rudrakshas* en su mano, y se las dio entonces.

Cuando estaban partiendo del *ashram*, Amma les llamó otra vez. Ésta vez sacó un medallón redondo con una cadena y le dijo que cuando llegara a casa le diera las *rudrakshas* a sus hermanos, pero que debía guardar el medallón hasta que su madre le preguntara "¿te dio Amma algo para mí?".

Cuando llegaron a casa, el niño se olvidó por completo de este incidente hasta que su madre, finalmente, le preguntó si había algo para ella. Entonces, de repente, se acordó y le dio el medallón. Incluso actualmente, veinte años después, ella lleva el mismo medallón. Todos los miembros de la familia se convirtieron en devotos incondicionales, y Amma ha llenado sus vidas con gran alegría durante estos años. Se sintieron felices de no haber prestado atención al consejo erróneo de aquel hombre, que podría haberles impedido alcanzar los brazos omniabarcantes de su Madre.

Una mujer de California contó una historia sobre el momento en que realmente comenzó a comprender el amor de Amma hacia ella. Unos meses antes de la visita de Amma a California, su abuela estaba muriéndose. Le mostró una foto de su abuela a una amiga y le dijo:

Ella es mi verdadera madre.

De hecho, su abuela la había criado con mucho más amor del que había recibido de su madre natural; sin embargo, estaba dramatizando demasiado al tratar de explicar todo lo que su abuela significaba para ella. No era como si una abuela estuviera muriéndose, sino como si su verdadera madre estuviera muriéndose.

Unos meses más tarde, después del fallecimiento de su abuela, fue a Amma para recibir *darshan*. Amma le dijo con bastante énfasis:

¡Yo soy tu madre!

Amma empleó la misma clase de entonación que la mujer había empleado para hablarle a su amiga de su abuela. Era como si Amma hubiera estado allí y la hubiera oído hablar de esa manera y, simplemente, quisiera aclarar las cosas. Estaba completamente atónita con la revelación de Amma. Le resultaba conmovedor conocer la intensidad del amor que Amma sentía por ella. Cuando regresó a su asiento después de su *darshan*, descubrió que el dolor causado por la muerte de su abuela se había desvanecido por completo. Había vivido con ese dolor durante meses y sintió que Amma lo había absorbido totalmente, ya que nunca regresó.

Normalmente, las multitudes que asisten a los programas de Amma son muy grandes. Una mujer se sintió totalmente abrumada por la enorme multitud la primera vez que fue a ver a Amma. Sencillamente odiaba las grandes aglomeraciones. Cuando, finalmente, se levantó para acercarse a Amma a por su *darshan*, le preguntó si Amma era, realmente, su maestra espiritual. Amma le respondió que sí lo era. Amma sabía que ella odiaba ser sólo una más en la gran multitud y le contestó:

Si hay mil vacas, el granjero sabrá incluso si falta una sola.

La mujer no entendió este ejemplo, ya que era una chica de la ciudad de Nueva York y no tenía mucha experiencia con las vacas. Amma le explicó, de nuevo, que Ella tiene mil ojos y que dos de ellos eran sólo para ella. La mujer quedó contenta y aliviada con esta explicación.

Amma tiene millones de devotos en todo el mundo. Como hay tantos, algunos se preocupan de si Amma será capaz de tener tiempo para concederles una atención personal. Se preguntan si sus pensamientos y oraciones pueden llegar a Amma cuando están físicamente lejos de Ella.

En una ocasión, alguien preguntó:

Amma, me temo que hay tantas personas llamándote que tu línea estará ocupada cuando yo trate de llamarte.

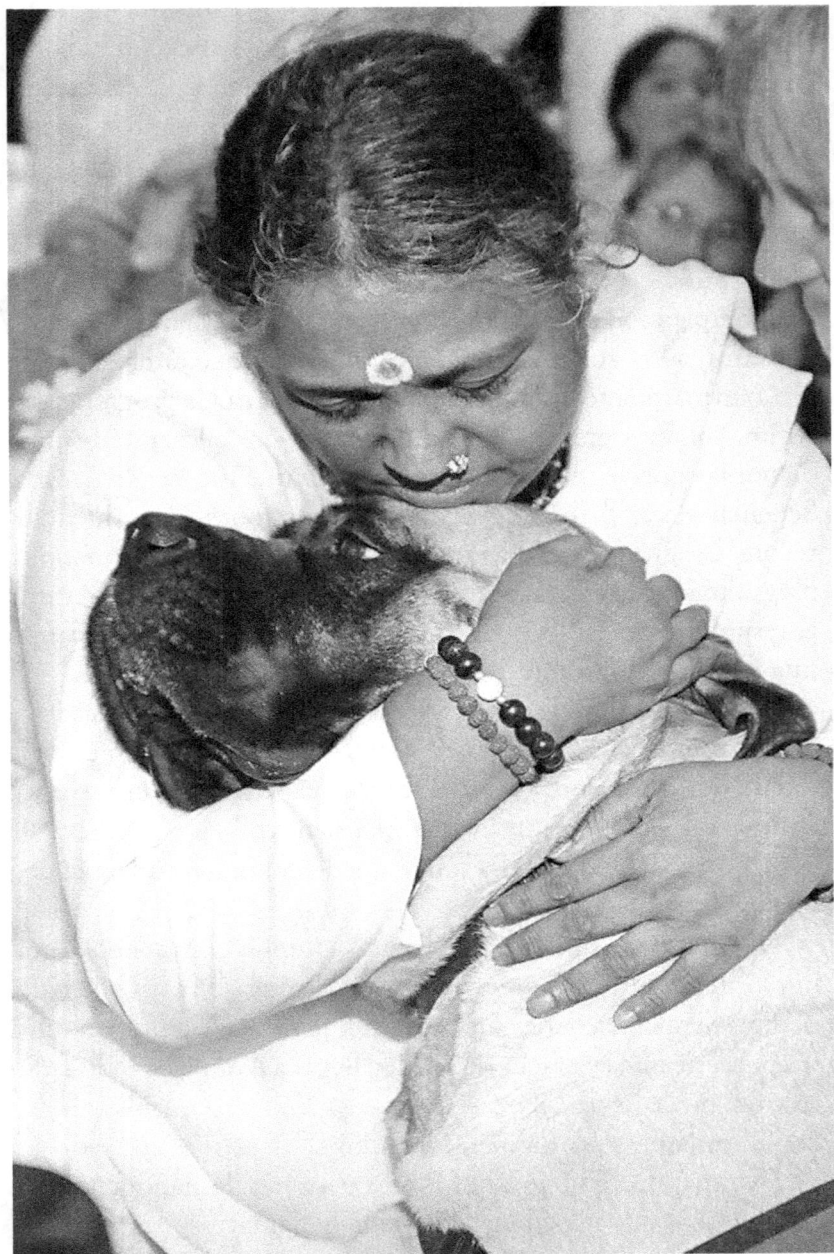

Pero Amma le aseguró a esta persona que Ella tiene una conexión directa con todos todo el tiempo; su línea nunca está ocupada. Un teléfono móvil puede tener cobertura limitada, pero el alcance de Dios es ilimitado. Estemos donde estemos, con Amma hay una conexión directa del corazón. Su lenguaje es el amor; Ella está más allá del tiempo y de la distancia y de todos los demás obstáculos que tememos puedan alejarnos de Ella.

Al final de su *satsang*, en un programa muy grande en el sur de la India, en 2007, Amma les dijo a los devotos que sabía que algunos se quejaban de que no podían contarle todo lo que querían. Como ve a tantas personas durante el tiempo de *darshan*, a menudo sólo disponen de uno o dos segundos con Ella. Siguió así:

Amma no es como un médico o un abogado al que debes contarle todo. Ante Dios, los niños no tienen que decir nada. Amma tiene el *sankalpa* que le permite oir todos y cada uno de los corazones de sus hijos.

Una mujer de Seattle contaba que, cuando su hijo tenía seis años, le dijo a Amma que quería ser el primer ministro de su país. Años más tarde, cuando tenía veinte años, Amma se lo recordó y se rieron juntos del recuerdo.

Amma se acuerda de todos sus hijos, independientemente de dónde estén. No debemos dudarlo nunca.

Un año, en Estados Unidos, un anciano indio con una larga barba blanca vino para el *darshan*. Un devoto se percató de su presencia y vio su *darshan*. Más tarde, se dio cuenta de que estaba sentado junto a este mismo hombre durante el programa de la tarde. El devoto le saludó y le preguntó si era de la India. Él contestó que sí y que éste era su primer viaje a Estados Unidos. Había venido a visitar a su hijo que se había trasladado a Estados Unidos. Le contó que había conocido a Amma catorce años antes en un programa en la India y que no La había visto desde entonces. Le contó al devoto que, durante su *darshan*, Amma le había susurrado al oído:

Hijo mío, hijo mío, ¿dónde has estado durante catorce años?

Durante la gira de Estados Unidos se celebran retiros en cinco o seis ciudades diferentes. La segunda noche del retiro, Amma sirve a cada persona un plato de comida y, después, se sienta un rato con todos los niños. Los niños forman una línea alrededor de la mesa de Amma y, cuando pasan junto a Ella, Ella le da a cada uno un trozo de *pappadam*. Los entusiasmados y emocionados padres llevan a sus hijos más pequeños hasta Amma para que reciban la comida bendecida por Ella.

En el retiro de Nuevo México, en 2006, Amma había terminado de dar de comer a todos sus hijos en la mesa y estaba a punto de marcharse de la sala. Una mujer que tenía tres hijos no había llevado a proposito a su bebé de seis meses a recibir el *pappadam* de Amma porque estaba previsto que le diera su primer alimento sólido la siguiente noche, durante el *Devi Bhava*. Como parte de esta tradicional ceremonia, Amma sienta al bebé en su regazo y le da *payasam* con los dedos.

Cuando Amma se estaba marchando de la habitación, vio a esta mujer sujetando al bebé y fue directa hacia ella. Amma llevaba un poco de *pappadam* y le preguntó si le había dado de comer al bebé. No había escapatoria: Amma estaba decidida a darle de comer al bebé allí y en ese momento, y le ofreció el *pappadam*. La siempre atenta Madre no quería dejarse a ninguno de sus hijos. Este bebé era tan dulce que Amma acabó dándole de comer dos veces.

Al final de un programa en el norte de *Kerala*, en 2006, Amma había visto a más de ochenta mil personas. Cuando el largo *darshan* hubo terminado, Amma todavía no tuvo oportunidad de descansar. Los devotos le habían pedido que visitara sus hogares yendo a ellos directamente desde el programa. Amma aceptó visitar varias casas. Cuando por fin hubo terminado con todos sus compromisos, Amma se dirigió a su vehículo. Nos sentimos aliviados de que pudiera descansar un rato; pero, sorprendentemente, Amma dijo que quería ir a la casa de dos hijos que le habían estado piciendo que fuera desde hacía mucho tiempo. Habían perdido a su madre y Amma se sentía apenada por ellos. Nos resultó difícil pensar en otra visita a una casa después de todo lo que Ella había pasado. Aunque insistíamos en que no era una buena idea y le suplicábamos que descansara un poco, Amma ignoró nuestras objeciones.

Exasperados por su renuencia a descansar, alguien preguntó por la casa de los niños, pero nadie sabía exactamente a quién se refería Amma. Amma insistió en que tratásemos de encontrarles: realmente quería ir allí. Dijo que los niños siempre le daban la mano acompañándola a su habitación y que le habían pedido muchas veces que los visitara. Realmente quería cumplir su deseo, y por eso insistía en que intentáramos ponernos en contacto con ellos. Desgraciadamente, fuimos incapaces de encontrarles, por lo que Amma nos dio permiso, a regañadientes, para proseguir nuestro viaje.

Al comienzo de una gira por el extranjero, mientras viajábamos en tránsito por *Sri Lanka*, íbamos en coche hacia nuestro alojamiento. El conductor del coche llevaba la radio puesta con alguna clase de música moderna. Amma empezó a dar suaves golpecitos al ritmo de la música disco. Lo encontré muy divertido, porque no es en absoluto el tipo habitual de música de Amma. Amma se dio cuenta de que estaba tratando de contener la risa y me preguntó qué me parecía tan gracioso. Le dije que nunca hubiera pensado que le gustara la música disco. Amma sonrió y contestó que Ella ve los *devas* que están presentes en el *raga* de cualquier clase de música. En la conciencia de Amma, Dios está en todas partes.

En Múnich, en 2006, se utilizaron globos rojos con forma de corazón para decorar el estrado y la sala. Al final del último programa, alguien reunió todos los globos y esperó en la entrada de la sala. Cuando Amma terminó el programa, a las nueve de la mañana, salió fuera y alguien Le entregó este bonito ramo de globos. Ella los cogió y, uno a uno, lentamente, fue soltando los globos. Parecía como si estuviera bendiciendo cada uno de ellos en su partida.

Los globos subieron suavemente y se alejaron. Todos los contemplamos maravillados durante un largo tiempo, mientras subían y se marchaban hacia el mundo, danzando lentamente con el viento. Resultaba muy simbólico. Mientras nos alejábamos en el coche con Amma seguí mirando hacia atrás a los globos marchándose en la distancia, en el cielo, preguntándome dónde acabarían, sin saber lo lejos que podrían viajar pero sabiendo que el amor de Amma iba con cada uno de ellos.

Después de haber estado despierta toda la noche para el programa, mi cerebro no podría descifrar todo el significado profundo y simbólico de los globos; pero después de haber dormido un poco, cuando me volvió el recuerdo de ese momento, me di cuenta de que todos nosotros somos como esos globos con forma de corazón, esos globos de helio. Amma nos reúne durante un corto periodo de tiempo, nos abraza y sostiene con su amor y sus mejores deseos y, después, nos deja regresar de nuevo al mundo, queriendo sólo lo mejor para nosotros, rezando para que alcancemos nuestro verdadero hogar de forma segura.

Un independiente joven israelí vino a visitar el *ashram* durante su viaje alrededor del mundo. Estaba tratando de descubrir de qué iba la vida. Pensó que Amma era agradable, pero prosiguió su camino. Viajó por toda India y visitó muchos lugares. Finalmente, meses después, regresó de nuevo al *ashram*. Había decidido preguntarle a Amma qué hacer con su vida porque, después de haber visto todo lo demás, sabía que sólo Ella conocería la respuesta correcta.

Innumerables personas se limitan a ir dando tumbos por su vida. Sintiéndose abrumadas por el dolor y la tristeza, pueden infligir dolor a otros porque, sencillamente, no entienden de qué va la vida. Siempre estaré agradecida de que Amma nos haya ofrecido la comprensión de la verdadera naturaleza del mundo y nos haya mostrado la alegría que puede encontrarse cuando tratamos de llevar una vida al servicio de los demás. Siempre debemos recordar esta bendición tan grande y tratar de hacernos dignos de ella. Todo el amor y la gracia que han llenado nuestras vidas deberían fluir también hacia la vida de otros.

La total ausencia de fatiga de Amma nunca deja de sorprenderme. Sin duda, este mundo nunca ha presenciado las cualidades de humildad y compasión combinadas con un incontenible deseo de servir a la humanidad en el grado en que las encontramos en el ejemplo vivo de Amma.

De los seis mil millones de personas que hay en el planeta, sólo hemos tenido la gracia de llegar a Amma unas cuantas personas en toda la creación. ¡Cuán afortunados somos! Amma está ofreciendo su vida para tratar de enseñarnos algo increíblemente importante. No debemos dejar que su vida sea en vano. Es nuestra obligación tratar de empaparnos de algo bueno de Ella.

Mientras estábamos en España en la gira europea de 2005, una niña de siete años se acercó a Amma cuando estábamos sentados en el estrado preparándonos para iniciar el programa de *bhajans*. Amma había vuelto la cabeza y hablaba sobre algo con el *swami* que tocaba el armonio. La pequeña no quería interrumpir a Amma, así que, después de esperar unos quince segundos, tímidamente dejó la carta que llevaba sobre el regazo de Amma y rápidamente se marchó del estrado.

Amma cogió la carta y la abrió. Estaba escrita en español con garabatos infantiles. Amma quería saber lo que decía y algunos de nosotros la miramos, pero no podíamos entender las palabras. Como Amma insistía en saber lo que decía, finalmente llamé a alguien para que la tradujera. La carta decía: *"Querida Amma, te quiero muchísimo. Gracias por ser la mejor parte de toda mi vida".*

Amma sonrió y besó la carta. La dejó junto a Ella durante el resto del programa. Durante la siguiente hora, seguí mirando la carta a menudo con asombro, pensando que esta niña había expresado exactamente cómo se sienten la mayoría de los devotos de Amma. En su corta vida, ya había descubierto una verdad insondable. Sentí que a la mayoría de nosotros nos gustaría escribir una carta como ésta a Amma, diciendole todo lo que querríamos con esas pocas palabritas.

"Querida Amma, te quiero muchísimo. Gracias por ser la mejor parte de toda mi vida".

Glosario

ACHAN: "Padre" en *Malayalam*, el idioma de *Kerala*.

AIMS: Instituto Amrita de Ciencias Médicas. Hospital multiespecialidades de Amma en *Cochin*.

AMRITAPURI: Sede principal del *ashram* de Amma en *Kerala*, India.

AMRITAVARSHAM50: Un festival de cuatro días por la paz y la armonía mundiales, organizado en *Cochin* en 2003, durante las celebraciones del 50º cumpleaños de Amma.

ARATI: Al final de la adoración, se mueve en círculos alcanfor quemándose acompañado del sonido de una campana, representando la completa ofrenda del ego a Dios.

ASHRAM: Una comunidad residencial donde se practica la disciplina espiritual; la residencia de un santo.

ATMAN: El Ser o la Conciencia Suprema. Designa tanto el Alma Suprema como el alma individual.

AVADHUTA: Alguien con conciencia de Dios pero que actúa más como un loco.

BEEDI: Un cigarrillo enrollado en hojas secas.

BHAJANS: Cantos devocionales.

BHAVA: Estado o actitud divina.

BRAHMACHARI: Un hombre célibe que practica disciplinas espirituales.

BRAHMACHARINI: El equivalente femenino de un *brahmachari*.

BRAHMACHARYA: La práctica del autocontrol en pensamiento, palabra y obra.

BRAHMASTANAM: Un templo donde la principal deidad está compuesta de cuatro partes (*Ganesh, Shiva, Devi* y una serpiente) y que representa que todos son diferentes aspectos de la misma Unidad. Amma fue la que concibió la idea de esta forma singular de culto.

CHAI: Té indio hervido con leche.

CHILLUM: Una pipa hecha de arcilla utilizada para fumar tabaco o estupefacientes.

DARSHAN: Visión de lo Divino o audiencia con una persona santa.

DEVI: Madre Divina.

DEVI BHAVA: "El Estado Divino". El estado en el que Amma revela su unidad e identidad con la Madre Divina.

DHARMA: Deber o responsabilidad moral.

DHOTI: Trozo de tela colocado alrededor de la cintura, utilizado normalmente por los hombres.

EGO: Conciencia limitada del "yo", que se identifica con atributos limitados como el cuerpo o la mente.

GURU: Maestro espiritual.

KALARI: El pequeño templo donde Amma celebraba inicialmente los *Bhava Darshans*.

KARMA: Acción o hecho. También la cadena de efectos que producen nuestras acciones.

MAHA SAMADHI: Cuando la fuerza vital se retira completamente del cuerpo.

MAHATMA: Literalmente "Gran Alma". Un título hinduista de respeto hacia una persona espiritualmente elevada. En este libro, *Mahatma* se refiere a un alma con conciencia de Dios.

MALA: Un collar o guirnalda.

MALAYALAM: Lengua materna de Amma. El idioma de *Kerala*.

MANTRA: Un sonido sagrado o grupo de palabras con poder de transformar.

MAUNAM: Mantener un voto de silencio.

MAYA: Ilusión.

OM NAMAH SHIVAYA: Poderoso mantra con diferentes interpretaciones, que normalmente significa: "Me inclino ante el Eternamente Propicio".

PADA PUJA: Ceremonia tradicional de adoración en la que se lavan los pies del *Guru*.

PAPPADAM: Alimento muy popular, delgado, redondo y crujiente que se sirve, normalmente, con arroz.

PEETHAM: Asiento sagrado.

PRANAM: Una forma de saludo en India. Las palmas de las manos juntas a la altura del corazón, con la punta de los dedos tocando la frente. Es una modificación de una postración completa, y muestra respeto.

PRARABDHA KARMA: Los frutos de las acciones de vidas anteriores que están destinados a experimentarse en la vida actual.

PRASAD: Una ofrenda o regalo bendecido de una persona o templo sagrado.

PULISHERI: Un líquido hecho de yogur hervido con cúrcuma y especias que se toma con el arroz.

PUJA: Adoración ceremonial.

RAGA: Una pauta melódica de notas de la música india que expresa un determinado estado.

RUDRAKSHA: Semilla de un árbol que normalmente crece en Nepal, conocida por su poder espiritual y medicinal. Llamado legendariamente "las lágrimas del Señor *Shiva*".

SADHANA: Prácticas espirituales que conducen al objetivo del autoconocimiento.

SADHU: Persona santa.

SAMADHI: Unidad con Dios. Un estado transcendental en el que se pierde todo sentido de la identidad individual.

SAMBAR: Mezcla de ají y especias cocinadas con verduras.

SAMSKARA: *Samskara* tiene dos significados: cultura, y la totalidad de las impresiones dejadas en la mente por las experiencias (de esta vida o de vidas anteriores) que influyen en la vida de un ser humano: su naturaleza, sus acciones, su estado mental, etc.

SANATANA DHARMA: Literalmente "religión eterna". El nombre original y tradicional del hinduismo.

SANKALPA: Una resolución.

SÁNSCRITO: Antigua lengua india.

SANNYASIN: Alguien que ha hecho los votos monásticos formales de renuncia. Viste con una tela de color ocre que representa la quema de todos los apegos mundanos.

SRAS: Síndrome Respiratorio Agudo Severo.

SATSANG: Escuchar una charla o debate espiritual; la compañía de santos y devotos.

SEVA: Servicio desinteresado.

SIDDHA YOGI: Literalmente "uno que tiene éxito". Alguien que ha logrado el estado de autoconocimiento.

SUGUNACHAN: Padre biológico de Amma (*Sugunanandan achan*).

SWAMI: Persona que hace los votos monástico de celibato y renuncia.

TABLA: Un instrumento formado por dos tambores del norte de la India.

TAPAS: Austeridad, privaciones realizadas para la autopurificación.

TULASI: Albahaca sagrada, planta medicinal.

UNNIAPPAM: Dulce frito popular en *Kerala*.

VASANAS: Impresiones residuales de los objetos y las acciones experimentadas, tendencias latentes.

VEDANTA: Literalmente "fin de los *Vedas*", un sistema de filosofía basado en las enseñanzas de las *Upanishads*. El *Vedanta* afirma que Dios es la única realidad y que la creación es esencialmente una ilusión.

VIBHUTI: Ceniza sagrada, normalmente ofrecida por Amma como *prasad*.

Guía de pronunciación

Las palabras indias que aparecen en el libro están en transcripción inglesa. En esta "guía" indicamos cómo se pronuncian aproximadamente en español, así como el género de los sustantivos en nuestra lengua (femenino/masculino = f/m). En cada país o región hispanohablante la pronunciación del español es diferente. Aquí adoptamos la pronunciación castellana.

La letra "sh" se pronuncia en inglés como en "shock", (como la "x" catalana o gallega); la dejamos así en español porque no tenemos ninguna letra equivalente. La "j" se pronuncia en inglés como en "John" (o como en catalán: "Jordi"): algo intermedio entre la "ll" y la "ch"; la transcribimos al español como "ll". La "r" siempre es suave, como en "cara", aunque vaya al principio de la palabra. La "h" siempre es aspirada (excepto en la "ch" y la "sh", que son sonidos simples aunque se escriban con dos letras), como en "house"; la dejamos en español porque nuestro sonido más cercano, una "j" suave, sigue siendo demasiado diferente. Cuando la palabra se pronuncie igual que se escribe en inglés, ponemos "íd.", para abreviar.

Achan: Achchan (m)
Ahmedabad: íd.
amrita: ámrita (m)
Amritanandamamayi: Amritanandamayí (f)
Amritapuri: íd. (f)
Amritavarshan: íd. (m)
Ananda: íd. (m)
arati: árati (f)
ashram: áshram (m)
Atman: íd. (m)
avadhuta: íd. (m)
Bangalore: íd.

Bhagavad Gita: Bhágavad Guita (f)
Bhairavi: Bháiravi (f)
bhajan: bhallan (m)
Bharat Mata: Bhárat Mata (f)
bhava: íd. (m)
bhava darshan: íd. (m)
beedi: biri (f)
brahmachari: íd. (m)
brahmacharini: brahmachárini (f)
brahmacharya: íd. (m)
Brahmasthanam: Brahmasthánam (m)
Calicut: Cálicat
chai: íd. (f)
chapatti: chapatti (f)
Chennai: íd.
chillum: chílam (n)
Cochin: Cochín
Damayanti Amma: íd. (f)
darshan: íd. (m)
deva: íd. (m)
Devi: íd. (f)
Devi Bhava: íd. (m)
dharma: íd. (m)
dhoti: íd. (f)
Durgapur: íd. (m)
Ganesh: íd. (m)
guru: íd. (f/m)
hindi: íd. (f)
Indore: íd.
Kabir: íd. (m)
kalari: kálari (m)
Kali: íd. (f)

225

karma: íd. (m)
Karnataka: Karnátaka
Karwar: Káruar
Kerala: Kérala (m)
Kodungallur: Kodúngalur
Kollam: Kól-lam (m)
Krishna: íd. (m)
Kumbhakonam: Kumbhakónam (n)
Lokah Samastah Sukhino Bhavantu: Lokaha Samastaha Sukhinó
    Bhavantú
Lucknow: Laknau
Ma: íd. (f)
Mahadevi Akka: íd. (f)
Maharashtra: íd. (m)
mahasamadhi: íd. (m)
mahatma: íd. (f/m)
mala: íd. (f)
malayalam: maláyalam (m)
mantra: íd. (m)
Mata Amritanandamayi: Mata Amritanandamayí (f)
maunam: máunam (m)
Maya: íd. (f)
Mumbai: Mumbái
Nagapattinam: Nagapáttinam.
Neem Karoli Baba: Nim Karoli Baba (m)
Nerul: Nérul
Oachira: Óachira
Om Namah Shivaya: Om Námah Shivaya
pada puja: pada pulla (f)
Palakkad: Pálakkad
pappadam: páppadam (m)
Paripalli: Paripal-li

payasam: páyasam (m)
peetham: pítham (m)
Prabhakara Siddha Yogi: Prabhákara Siddha Yogui (m)
pranam: íd. (m)
prarabdha: prarabdha (m)
prarabdha karma: íd. (m)
prasad: íd. (m)
puja: pulla (f)
pulisheri: íd. (m)
Punjab: Panjab (m)
Pune: íd.
raga: íd. (m)
Ramakrishnan: íd. (m)
rudraksha: íd. (m)
sadhana: sádhana (f)
sadhu: íd. (m)
samadhi: íd. (m)
sambar: sámbar (n)
samsara: sansara (m)
samskara: sanskara (m)
sanatana dharma: sanátana dharma (m)
sankalpa: íd. (m)
sannyasin: íd. (m)
sari: íd. (f)
satsang: sátsang (m)
seva: íd. (f)
sikh: íd.
Shiva: íd. (m)
siddha yogi: siddha yogui (m)
Sri Lanka: Shri Lanka (f)
Sugunachan: Sugunachchan (m)
swami: suami (m)

227

Swamini Krishnamrita Prana: Suámini Krishnámrita Prana (f)
tabla: íd. (m)
Tamil Nadu: íd.
tapas: íd. (m)
Tiruvannamalai: Tiruvannamalái
tulasi: túlasi (f)
Trichy: Trichi
Trissur: Tríssur
Trivandrum: Trivándrum
unniapam: unniápam (m)
Upanishad: Úpanishad (f)
vasana: vásana (f)
Veda: íd. (m)
Vedanta: íd. (m)
vibhuti: íd. (f)
yogi: yogui (m)
Yogi Ram Surat Kumar: Yogui Ram Surat Kumar (m)